コア新書 021

間違ったサブカルで「マウンティング」してくるすべてのクズどもに

ロマン優光
Roman Yuko

コアマガジン

目次

まえがき

「サブカルは死んだ」と言ったのは2015年初頭の私です。「サブカルは死んだ。俺が殺した。」ぐらいまで言えたら、なんかカッコいいんですけど、私がなんかしたわけでもないので、そんなことまでは書けませんでした。

まあ、そう記した、前著にあたる『日本人の99・9%はバカ』の刊行から2年と経たないうちに、サブカルに関する新書を出しているのだから世の中わからないものです。私がサブカルだと思っていたサブカルが死んでしまっても、世の中には別のサブカルが存在して活動を続けている。私がサブカルだと思っていたサブカルが生まれる前にも、また別のサブカルがいたのです。

オタクの歴史というのが、ある特定の地点に向けて他の要素を切り捨てたら進化していったように見えるのに対して、サブカルの歴史というのは何だかごちゃごちゃとしてよくわかりません。ことなる出自の者同士が烏合集散を繰り返し、なんとなく同じサブカルという名前で呼ばれているが内容的には違うものが各時期にそれぞれ存在している。そういったイメージです。

野合と分離、浸透と拡散といったことの繰り返しなので、前の時代のサブカルと呼ばれる領域に含まれていたものが、次の時代には姿を消していたり、前の時代のそれの中に含まれていたものとは全く関連がなさそうなものが、次の時代にはサブカルと呼ばれているということもあります。

今のオタクを構成する要素はオタク的な存在が最初に生まれた時から含まれていたのに、今のサブカルを構成する要素は最初にサブカルと言われたようなものの中に全てが含まれているわけではないのです。ようするにサブカルという存在は曖昧模糊として不定形な胡散臭い存在なのです。そこがいいところでもあり、悪いところでもあるわけなのですが。

今までのサブカルの歴史の中では商業媒体の中で作品に価値付けをしていく評論家のような存在が重要なポジションを占めていましたが、インターネットの普及と共に徐々に数を増やしていった、そういった媒体を通さずに作品と接している人たちの登場で色々と変わっていくのだろうなと感じています。

今から10年の間に、現状で強い影響力を持っている40代から50代の人たちが、よりメジャーなフィールドに活動の舞台を移したり、加齢と共に引退したりで、徐々に姿を消していくことになるでしょう。


私は高校生ぐらいの時、小林信彦という作家が好きでした。小説家としての部分よりも、サブカルチャー評論家としての側面が好きで、彼の書いた時事コラム、映画評、芸人評といったものを読み漁っていたのです。元祖オタク／元祖サブカルとも言っていいような人ですよね。影響はかなり受けたと思います。

そんな小林信彦のことを少しイヤだなと思いだしたのが、91年から92年の間に作家／音楽評論家の松村雄策との間に起こった『ビートルズ論争』です。

小林の小説内でのビートルズの日本公演の考証をめぐって起こった論争なのですが、どっちが正しいかは置いといて、小林の態度が少しどうかと思うものでした。格下の相手に対するマウンティング、自分の知識は絶対間違っているはずがないという態度、詭弁での論点ズラシ、一方的に被害者ぶる姿。松村側もどうかと思うところがあったのですが、それよりも小林のやり方のフェアでない印象が強いです。子供じみた全能感と悪い意味での大人の汚さが同居した様子に当時の私はドン引きでした。あんな感じになる前にみんな去れたらいいですね。

そして、そんな長期間に渡ってサブカルの歴史と併走してきた人たちが去っていった後には、どんな感じのサブカルが残ってるんでしょうね……。まあ、その頃にはサブカルなんて名前で呼ばれているものなんて存在していないという可能性もありますが。

この本の執筆の依頼を受けた時に、正直「自分でいいのかな？」という戸惑いがありました。もっとサブカル的に権威があって知名度のある人が書いたほうが、どう考えたって説得力がありますよね。よくよく考えてみると、サブカルのド真ん中にいるような人間が、サブカル内部に対する批判的な要素を含む本を書くのは周囲に対して差し障りがあるし、リスクが高すぎます。

そう考えてみると、サブカル内の界隈に属しているわけではないけど、それなりに付き合いがないわけではない、一応サブカルと見なされている自分のような人間が書くのがいいのかも知れないと思うようになりました。自分のような知名度の人間だと怒られたところで失うものは大して無いし、出版社的にも切り捨てるのが簡単な存在ですからね。いや、怒られたくて書くわけではないですが。

「自分のことをオタクだと思っていたら、ある日突然『お前、今日からサブカルな！』と言われてサブカルになってしまった！」という思いを抱えている私にとって、サブカルという名前は思い入れが強いわけではありません。

しかし、サブカルと言われてる領域の中には今も昔も私が大好きなものが含まれていて無視できるわけでもなく、常にアンビバレントな気持ちがありました。ただ、客観的に見てみると私の活動はサブカルの領域の中で行われていて、私に対するニーズのほとんどもその中にあります。結局のところ、私は客観的にはサブカルでしかないわけです。

そうである以上は、サブカルに対する責任というものをいくらかは負わなければならないでしょう。この本を書くことで、その責任を少しだけ果たせるといいなとは思っています。サブカルに泥を投げつけてるだけのような気がしないでもないですが。

第一章　幻想のサブカル地図

――みうらじゅんはサブカルなのか――

サブカルの源流を辿る

サブカル、サブカル、サブカル、サブカル、サブカル……。

この本のタイトルにもサブカルという言葉が入っていますけど、サブカルとはいったい何なのでしょうか？

はっきりわかることは、現在言われているサブカルとは単純にサブカルチャーという言葉の略語ではないということ。そして、その人の文化的立ち位置や世代によって内包する範囲が変わってくる言葉だということです。年令やコミュニティが少し変わっただけで微妙に内容が違ってくる言葉です。

同じサブカルという言葉を使って会話をしていても、互いに微妙にズレたニュアンスで使っていて、途中で「あれ？」と思うこともたびたびあります。「あれ？」と思うことができていればいい方で、互いの認識の齟齬に気付かないまま会話をしてしまっていることも多いのではないでしょうか？

「今はアイドルがサブカルのメインコンテンツになってしまった。」「あのアイドルはサブカルだから」では、それぞれ「サブカル」という言葉が使われてはいますが、意味はことなります。

「今はアイドルがサブカルのメインコンテンツ」と言う場合、サブカルチャーを扱うライターや雑誌及びその消費者を指すことになります。しかし「あそこのアイドルはサブカル」と言った場合、一般的なアイドルポップスではない楽曲を演目としているアイドルを指すわけで、その楽曲がいわゆるサブカルの人が好むタイプの楽曲かというと必ずしもそうではありません。「サブカルは奇をてらったことを好む」という漠然とした印象でサブカルという言葉が使用されているだけなのです。

それぞれ違う認識を持つ前者と後者が会話することになったら、「アイドルは今やサブカルコンテンツ」「サブカルなアイドルとサブカルでないアイドルの両者が存在する」みたいな感じで話がすれ違うのは想定できるでしょう。アイドル自身が「私はサブカルだから」と言ったとしても人によって意味が違ってきます。我々、1970年前後に産まれた自分たちの世代のサブカルだと世間に認識されがちなタイプの人間が普通に考えれば「吉田豪や映画秘宝を好む子なのかな?」と思います。実際、そういう子もいるんです。しかし、今の若い子の中には、少しマニアックなアニメやゲームやコスプレを好むことがサブカルだと認識している子もいるし、バンドとか漫画が好きなことがサブカルだと思っている子もいます。そんな子たちに話が合うと思って交流の場に赴き全く会話が成立せず撃沈するサブカルおじさんアイドルオタクの姿も既に各所で見られているかもしれません。

今のは極端な例で、自分もそうですが、みなさん場面や相手によって使い分けられていると思います。しかし、それにしたって曖昧な感じで話を合わせているだけで、サブカルなんて言葉には実体なんてないんですよ。

ただ、この本では便宜上「私が考えるサブカル」というものを決めておきたいと思います。そこをハッキリと決めておかないと、全然話を進めていけないからです。当然ですが、それは絶対のものではありません。これが正しいサブカルとかそういうのではないのです。あなたがサブカルと思っている領域が含まれていない場合もありますし、あなたがサブカルと思っていない領域が含まれているかも知れません。サブカルというものを全く知らずにこの本をとってしまった方がいらしても、そんなには失望しなくてもいいかと思います。賛否が激しくなるような極論ではなく、わりと中庸なところでやっていくつもりですので。

そう、この本の中で語られるサブカルは私の個人史の中で体験的に習得した私的なサブカル観に「世間的にはあれもサブカルってことになっているよな。」という感じで多少世間にすり寄った部分を合わせて、わかりやすい形で定義してみることを試みたものなのです。

私の考えるサブカルとは何か？　一言で言うならば「町山智浩が編集者として扱ってきたもの、そしてそこから派生したもの／その愛好者」です。現在は映画評論家、コラムニストとして認知されている町山智浩。そもそものスタートは編集者でした。学生時代に編集プロダクションのバイトとしてアニメ書籍に関わり、宝島入社（旧ＪＩＣＣ

出版局時代）後は、『宝島』本誌ではみうらじゅん、根本敬などのガロ系漫画家を担当する一方、音楽誌としての色の強かった『宝島』で当時のバンド・ブーム、インディーズ・ブームもあり大槻ケンヂなどのミュージシャンの担当もしました。別冊宝島に異動した後は「おたく」「怪獣」「新興宗教」「映画」などを扱った書籍を発行。『宝島30』で北朝鮮の拉致問題をめぐりオールドスクールな左翼や総連を批判する一方、小説家の夢枕獏、漫画家の板垣恵介、谷村ひとしといった格闘技モチーフの作品を書いていた豪華な面々と当時未知の存在であったグレイシー柔術のビデオをなぜか一緒に観てたり。その後、宝島社の子会社である洋泉社に出向し、かつて岡田斗司夫、唐沢俊一といった人物が在籍した「と学会」による『トンデモ本の世界』を手がける一方、『映画秘宝』を創刊。ざっと見てきただけですが、凄まじく広い領域に関わっているのがわかります。

全ての現在サブカルだと一般に見なされるような領域を町山さんが直接的に手がけたとか、オリジネーターだとか、そういうわけでは当然ありません。たとえば、編集者の故・青山正明や編集者でライターの故・村崎百郎に端を発するであろう悪趣味／鬼畜ブームの流れがあります。白夜書房（及び、そこから派生したコアマガジン）、ペヨトル工房、身売りする前の青林堂（及び、身売り後立ち上げられた青林工藝舎）、データハウスといった出版社が連なる別の流れです。

しかし、唐沢俊一と村崎百郎の関わりだったり、初期のムック本時代の映画秘宝には鬼畜ブームのテイストが残っていたりしたわけで、町山さんの編集者としての軌跡の中では関わっているわけです。そういうわけで、「町山智浩が編集者として扱ってきたもの、そしてそこから派生したもの／その愛好者」という風にわかりやすい感じで定義しておきたいと思います。

蔑称としてのサブカル

非常に大雑把ではありますが現代のサブカルの含む領域の定義をしたところで、サブカルの歴史というものを考えていきたいと思います。日本のサブカルチャーの歴史ではなくて、あくまでサブカルの歴史です。まあ、まったくサブカル前史に触れないのもなんなので、現代のサブカルに直接的な影響を与えた何組かのサブカルの原型――言うなれば、プロト・サブカルと言えるような文化を代表する雑誌やムック本――をあげておきます。『宝島』（町山在籍時まで）、初期の『別冊宝島』、『ビックリハウス』（パルコ出版）、『月光』（南原企画）、判型が小さい時期の『FOOL'S MATE』（フールズメイト）、『ガロ』（青林堂）、『夜想』（ペヨトル工房）、『銀星倶楽部』（ペヨトル工房）、青山正明が関わった80年代初期の『Billy』（白夜書房）といった特殊なエロ本などがあげられます。あと、『漫画ブリッコ』（セルフ出版）自体はサブカルに直接繋がるかどうかは微妙なのですが、大塚英志が編集長時代に発掘した漫画家・岡崎京子、『宝島』文化圏で活動していた映画イラストライターの三留まゆみを輩出したり、中森明夫が連載コラムを持っていたので、その中に含めていいかもしれません。

ただ、これらのものが現在のサブカルとイコールで結べるかと言えるかといえばそれは違います。パンクロックというジャンルが70年代に成立した時にストゥージスやMC5といった60年代末から70年代初頭に活動したバンドがプロト・パンクとして再評価されましたが音楽的には明確な違いがあったり、現在パンクだと言われているメロコア以降のパンクと70年代末の所謂オリジナルパンクが音楽性に明確な違いがあるように、プロト・サブカルとサブカルの間には差異は間違いなく存在します。

あと、ここで挙げられている雑誌名を見ていて何となくわかる方もいらっしゃると思いますが、ニュー・アカデミズムやポスト・モダンといった思想の影が色濃く落ちているものが多く見られます。現在のサブカルにそういったものの要素は上澄みの上澄みぐらいしか残されてないとは思うのですが、当時のニューアカ・ブームにミーハー的にのっかっていた人たちの持っていた変にスノッブな感じは残されているような気がします。

単なるサブカルチャーの略語としてのサブカルではなく、別の意味合いをもったサブカルという新しい名称が生まれたのは90年代で間違いありません。私の個人史の中でもそうなってます。ところで、ここで一つ困ったことがあります。単なるサブカルチャーの略語ではないサブカルという言葉を最初に私が意識した時（90年代初頭ですか）その頃は現在使われているのとは少し違うニュアンスを持って使われていたのです。少し違うというか、はっきり言うとネガティブな意味合いで。

「サブカルチャー（プロト・サブカル）愛好者の中にいる、ミーハー的に情報の表層だけをすくっているだけの底の浅いくせに変にスノッブな態度の人、それを使って一目置かれたいだけで実際は大して知識があるわけではないような対象に愛情がない不快な人物」のことを指して使われていました。現在でいうところのオタクに近いニュアンスで使われていたマニアと呼ばれる人たちの中の非常識な問題ある人物が「おたく」と呼ばれていたような感じで、現在で言うところのサブカルに近い感じの人たちの中にいるミーハーで表層だけ撫でているだけの不快な人たちのことを「サブカル」と呼んでいたのです。

逆に「サブカル」という言葉を侮蔑的に使っていた人たちは自分たちのことをどう認識していたのでしょう。私は「サブカルチャーも趣味の範囲にはいってるマニア」でした。恐ろしいことに、宮﨑勤ショックの影響で、私はあの不快な「おたく」という存在と同じ名称で自分を認定することがまだできなかったのです。というか、あれ以前も自分をマニアだと思っていたし。当時、既に媒体側にいた人たちがどのように捉えていたかはわかりませんが、自分個人の皮膚感覚ではそういうことになってます。

まあ、自分は「サブカル」などというダサいものではないと思いながらボンヤリ暮らしていたら、90年代半ばに岡田斗司夫がオタクの仮想敵としてのサブカルというものを定義したわけですが、本章の流れに沿って凄く大雑把に言うと、それは「サブカルチャー（プロト・サブカル）が好きな奴はミーハー的に情報の表層だけをすくっているだけの底の浅いくせに変にスノッブな態度な奴で、それを使って一目置かれたいだけの対象に愛情がない不快な人物」というようなものです。ようするに、かつての中森明夫が私にやったのと同じようなことを、今度は岡田斗司夫が私にやってくれたのでした（第2章参照）。

「俺はサブカルでもないし、オタクでもない、ただのマニアだ。」という気持ちもあったのですが、やってたバンドがサブカル層に人気が出るようなバンドだったり、文章を書く媒体がサブカル層に人気のあるような媒体だったりしたことで、「もう、意地をはってても仕方ないから世間的にはサブカルってことでいいです。」と思いつつ「体質的にはサブカルっていうよりサブカル趣味のオタクなんだけどなあ。」と思っているうちに90年代的なサブカルは事実上滅びたのではないかと思って過ごしています。

これが「私の極私的サブカル史」ですが、同年代でもサブカルという言葉にネガティブなニュアンスを感じず素直に最初から自分をサブカルと認定した人もいるでしょうし、サブカルをオタク以外のなんかマニアックなあり方として認識していた人もいるわけで、ここら辺は業界内の歴史とは別に人の数だけサブカル史があると思います。

こうやって世間的な通史及び個人史を振り返ってみるに「町山智浩が編集者として扱ってきたもの、そしてそこから派生したもの／その愛好者」というサブカルの定義にもう一つ要素が加えられるかと思います。それは「その中で岡田斗司夫が自分たちのものであると主張しなかったもの」です。媒体側の人間の考えるサブカルの歴史と自分の個人史、そして世間が考えるサブカルというものを摺り合わせてみると、まあこんな感じなのではないでしょうか。

サブカルっぽい有名人

一応、この本におけるサブカルという言葉の定義をやってみたわけですが、一見サブカルに見えるけどサブカルでない人たちのことを考えてみます。

たとえば、サブカル層にはＰｅｒｆｕｍｅのファンが多いようなイメージがありますが、実際のＰｅｒｆｕｍｅのメンバーはサブカルというものに全然興味がありません。活動していく過程の中で支持層がほぼサブカル層だったり、サブカルの人にサポートされていた時期があっただけで、本人たちは普通にメジャーなものが好きなタイプの人たちです。

逆に、その人の芸能活動や作る楽曲はサブカル層が基本的に好まないタイプのものなのに、本人はサブカル的なものが大好きという場合もあります。福山雅治がそうですね。その活動のイメージとはうらはらに、福山さん本人は吉田豪の大ファンだったり、あぶらだこのようなマニアックなバンドが大好きだったり、パブリック・イメージとは全く違った人物です。ようするに、その表現にはサブカル臭は全くないのに本人自体はサブカルの人なのです。

「サブカルの中にも福山さんの活動や楽曲が好きな人はいるぞ。」という反論がある人がいるかも知れませんが、福山さんの活動をサブカルとして認識して好きな人がいるとしたら、それは非常に稀なケースであり、そういう例外に関しては大枠の話をしている時は個々の検証はしないものです。というか、私は芸能人のファンになる場合、自分のサブカル趣味とは関係ない部分の回路で好きになりサブカルとか全然考えないわけなんですが、そういうことなのではないでしょうか?

それとは別に、本人がサブカルだとわかった途端に親近感が湧いて全然興味がないタイプのことをやってるのに応援したくなることはよくあると思うので、福山さんがサブカルな人だということが徐々に浸透し始めている中、このタイミングで応援しだした新規サブカルファンも現れているかもしれませんね。

わかりやすい形でサブカルが好みそうな楽曲やコンセプトのインディーズのアイドル・グループのメンバーがサブカルに興味がなく、自分たちのやっていることすら実はあまり好きでなかったりするということはよくあります。一方、サブカルとは無縁そうな芸能界のド真ん中にいるアイドル界最大手である48系の中の方がサブカルが好きな子を定期的に見いだせます。あり方としては真逆ですが、どちらもサブカル・アイドルと漠然と言われるわけで、変な感じはあります。

サブカル風評被害

あと、サブカル認定を世間的に受けているのに、全然サブカルでない人たちもいます。コラムニストの能町みね子や犬山紙子といった人たちがそうです。漫画家の久保ミツロウさんもそこに入るかもしれません。全く違う個性を持ったお二人をいっしょくたに並べて語るのは失礼だとは思うのですが、大雑把に言うと能町さんや犬山さんの書くものはユーモアを交えたコラムやエッセイで、サブカルのバックボーンが反映されているとかそういうものではありません。ある意味、伝統的な正統派のユーモアある文章なのです。

能町さんが音楽的にはマニアックなNEW WAVE（NW）が好きとか、犬山さんがハロプロが好きとかいう部分はありますが、それ以外のサブカルの文脈にあるものにはまっているというわけではないようだし、本人たちもサブカルという認識もなければ、サブカルを名乗ろうという気もないでしょう。

そして、ファンの方にしても客観的に見てサブカルと呼べるような人より、変にマニアックな趣味を持ってなかったりするような普通の人の方が多いのではないでしょうか。それなのに、何故サブカル認定を受けてしまいがちなのでしょうか？

まず、一つ考えられることがあります。コラムニストの能町みね子、犬山紙子、ライターの雨宮まみ、漫画家の久保ミツロウ、峰なゆか、コスプレイヤーのうしじまいい肉といった人たち、ようするに古典的な意味でのサブカルチャーの領域で現在活発に活躍している女性たちのことを、一つの枠の中で考える流れが世間的には存在します。その中には、サブカルな人もいればサブカルでない人もいるのですが、「あの人がサブカルだから、みんなサブカルでいいんじゃない？」みたいな、非常にアバウトで適当な認識がされているのではないでしょうか。

あと、犬山さんに関しては、配偶者であるミュージシャン・漫画家の劔樹人が杉作J

太郎・吉田豪人脈と繋がりがあるような完全にサブカルの人なので、いい加減な感じで「だんながサブカルだからサブカルでいいのだろう。」と括られているのではないでしょうか。さらに考えるなら、調べないで適当に記事を書いてしまう、いい加減なおっさんライターも世の中意外といるわけで、そういう人が「女ライター？　よくわかんないけど、ナンシー関みたいなの？　じゃ、サブカルね！」ぐらいのアバウトな感じでレッテル貼りしてることすらありそうですよね。

もう一つ考えられるのが、奇をてらっていると感じたもの、理解できないと思ったものに何でもサブカルというレッテルを貼り付けてすませている、非サブカルの人たちの存在です。ひどくなってくると、自分の嫌いなものに何でもサブカルというレッテルを貼ってしまう人たちもいます。

そして、そういうことをやる人間は当然のことながらサブカルというものがよくわかってないのですが、そんな人たちが「性同一性障害を売りにするとは奇をてらってる！　サブカルだ！」「女のくせに女性アイドルが好きとか奇をてらっている！　サブカルだ！」とか、こういう低いレベルの動機でいい加減なレッテル貼りをしているのではないでしょうか？　こういった人たちからは「サブカルのクセに！」と罵られ、サブカルサイドの一部からは「サブカルでないくせにサブカルを名乗りやがって！」と罵られてしまうことを考えると本当に気の毒です。勝手に他人にレッテル貼りされてしまっただけなのに。

サブカルではないのにサブカルだと勝手にレッテル貼りされてしまったような場合、本人に直接関係ないところで、さらなる悲劇が生まれることがあります。それはなんでしょう？

いい加減なレッテル貼りをサブカルに不案内な純粋なファンが素直に受け入れてしまい、「○○さんはサブカルなんだ。じゃあ、○○さんが好きな自分もサブカルなのかも！」と勘違いしてしまうことです。○○さん本人は全然そんなことを望んでいないのに、こういう善良の人から「○○さんはサブカル」というある種の風評被害が広がってしまう。

全然サブカルではないのに自分のことをサブカルだと信じてしまい、世間的にはサブカルというものを勘違いさせ、サブカルの人からは「何もわかってないくせに！」と反発され、無益な争いさえ生まれる可能性があります。

こういう自称・サブカルが増えていくとサブカルというものの意味が変質していき、本来のサブカルが隅に追いやられていくことにもなりかねないのです。

みうらじゅんはサブカルではない

サブカルでないのにサブカルと認識されている人物の中に一人の大物がいます。それはみうらじゅんです。「みうらじゅんさんと言えばサブカル界の重鎮じゃないですか！」という声があがることと思います。

しかし、果たしてみうらさんはサブカルの人なのでしょうか？　みうらさんの活動がサブカルチャーの中に属しているのは確かですが、現在のサブカルという括りの中に当てはまるかどうかと言えば、私は疑問です。

みうらさんは『ガロ』でデビューしました。『ガロ』が何故サブカルのルーツの一つなのかという理由としては、メジャー誌では掲載できないようなオルタナティブな漫画を掲載し続けていたこと、そして90年代前半に掲載されていたコラム類の存在があげられます。しかし、『ガロ』に掲載された作品、関わった作家の全てが現在のサブカルに繋がるものかという必ずしもそうではありません。

たとえば、渡辺和博はどうでしょう？　彼のベストセラー『金魂巻』からは80年代感は漂ってきてもサブカル臭は全然してきません。同じ業種の儲けている人と貧乏な人を、それぞれ「〇金〇ビ」と称して対比させて、ユーモラスに解説していくような当時は斬新だった手法が現在では普及しきってしまったので、時代感は感じてもサブカル感は感じません。湯村輝彦や渡辺和博のヘタウマな絵は次世代に大きい影響を与えているはずなのですが、年月を経るとともにヘタウマという概念があまりにも一般化しすぎてサブカル感がないんですよね。

渡辺さんの文章も面白かったんですけど、今でいうと能町さんとかに近いラインなんです。渡辺さんのやってきたことは当時斬新だったりしたんですけど、影響力がありすぎて一般化してしまい、サブカル臭が全然しないんですよ。そして、作品のバランスがよくて、ほどよい感じがするんですよね。対象に対して過剰すぎない、クールすぎない、深すぎない、浅すぎない、ほどよさというのは重要で、そういう部分があると広く受け入れられやすいんですよね。そして、みうらさんも渡辺さんのラインの人だと思うんですよ。糸井重里の系譜というか。実際お二人とも糸井さんとじっこんだったわけですし。みうらさんは現在のサブカルを作った人ではなく、このラインの最後の人なのではないかという。

サブカルというのは情報と戯れるというのが重要な要素になっていると思うのです。だから、知識の広さ、深さを巡ってマウンティングとかすぐに始まってしまうし。

そこから考えてみると、みうらさんという人は既存のサブカルチャーのジャンル内で特にマイナーなところまで掘り下げていくという部分が見受けられない人だということに気付きます。音楽的趣味は吉田拓郎にボブ・ディラン。ご自身がやられていた音楽活動にしても、変わったバンド名や女装といったギミックはあるにはあるのですが、音楽的にはどれもオーソドックスなロックなんですよね。映画に関してもそう。ただ、そういったジャンルに対する見解が浅いかというと決してそうではないのです。自分の好きなものに対してはある程度以上の知識と見解を持っている人です。

みうらさんは情報と戯れません。みうらさんがやっていることは、自分の目に新しく飛び込んできたもので新しい遊び方を見つけて楽しく遊ぶということです。情報を発信しているのではなく「遊び方指南」なんですよ。だから、対象がどんなに常軌を逸しているものだとしても、ほどよい感じの遊び方を提示してくれているので人が受け入れやすいのです。

対象に対して情報を過剰に掘り下げるわけではないけど、最低限の抑えておくべきところはちゃんと抑える。対象に対して過剰に思い入れを語ったりはしないが、バカにするような上から目線をとるわけでもない。その上でみんながわかりやすい楽しみ方を提示する。非常にバランスがいいのです。

これがサブカルの人だと過剰に思い入れを語って相手を引かせたり、非常に意地悪なバカにした視点で対象を語って相手を引かせたり、過剰に情報を提供しすぎて相手がついてこれなくなったり、相手が知っているのを前提で話すので相手がついてこられなくなったり、自分が独自に開発し練りに練った楽しみ方を押し付けて相手に逃げられたり、そういうことになりがちです。

「それってオタクの特徴じゃないか？」と言う人もいるかもしれませんが、サブカルとオタクは結局同根なので、対象が違うだけで本質的にはオタクと変わらない人が多いです。ロフトプラスワンの映画秘宝系のイベントや吉田豪イベントの客席を見るとなんとなくわかると思います。それはともかく、みうらさんはそういったサブカルの病とは無関係な人なのです。

みうらさんのバランス感覚の良さについては、出発点において糸井重里周辺にいたことで業界人的なビジネスセンスが身についているのも大きいのかもしれません。自分の趣味から派生するものを、ちゃんとお金にしていこうというのが根底にあるのだと思います。「ゆるキャラ」をちゃんと商標登録するとか、すごくしっかりしていますよね。

そもそも、何故80年代型の面白文化人であるみうらさんがサブカルと認識されてしまったのでしょう？　宝島の担当者が町山智浩であったり、『ガロ』時代に根本敬等と交流があったり、90年代以降のサブカルシーンとも接点があったことで本来であれば前時代の人だったのが新しいサブカルの中に編入された。サブカルという言葉を、サブカルチャーの略語としてのサブカルとしてファンが認識しており、その後の意味の変質とは関係なく使い続けたので、新規の人たちがみうらさんを現在の意味でのサブカルとして認識していき、現在にいたった。こういうことが考えられます。

昔、何度か仕事が一緒になった時に、お客さんの評判が気になってエゴサーチをしてみたことがあるのですが、みうらさんのファンの方のサブカルの認識はわりと異質な感じだったのを覚えています。

みうらさんは本質的にはメジャーの人です。本質的にマイナーなサブカルとは相容れない存在だと思います。みうらさんからは良くも悪くも80年代のセゾン文化の香りがします。それは現代にいたるサブカルの流れの中では断絶されている部分ではないかと思っているのですが、そんな小綺麗でお金ある感が漂うセゾン文化と『アイデン&ティティ』に見られる泥臭い70年代っぽさが同居しているのがみうらさんのおもしろいところだと思います。ただ、断じてサブカルではないのです！

本章では本書におけるサブカルという言葉の暫定的な定義付けと紛らわしい事例について解説してきたわけですが、次章以降は特に体系付けるわけでなく、なんとなく思いついた細かい事例について触れていきたいと思います。

第二章　中森明夫と宮崎勤の〝罪と罰〟

これが中森明夫だ！

中森明夫という人物がいます。アイドル評論家、小説家、サブカル・ライターとして認識されることが多い人物です。代表作はなんですかねえ。80年代中盤に『宝島』で連載した小説『東京トンガリキッズ』、もしくは1983年に『漫画ブリッコ』で連載された、あの悪名高い『「おたく」の研究』ではないでしょうか。

定期的にTwitterなどで盛り上がる話題といえば「サブカル対オタク」、そしてその話が出た時に必ず上がってくるのが、中森明夫が書いた『「おたく」の研究』なのです。「おたく」という名称を産み出したことで知られているわけですが、その内容を知らない人のために簡単に要約してみましょう。

記念すべき第1回は「コミケに初めて行ったんだけど、いる奴がほんとキモかった。運動できなさそうで、髪も服もダサい、ガリか豚しかいない。女はたいていデブ。普段、学校で目立たない友達もいない奴がはしゃいでてキモい。こいつらをおたくっていうことにする。」

第2回「あいつら互いを「おたく」って呼び合ってキモイから「おたく」ってよぶことにしたよ。あいつらモテないいからアニメキャラ切り抜いて持ち歩いててキモい。少しマシな奴はアイドルにいくけど、手紙買いたりグラビア切り抜いたりでキモい。」
第3回「高校生の彼女連れて同人誌置いている店にいってキモい奴らを観察して二人で笑ってやった。結局奴らキモすぎて二人とも鳥肌たってきたから、店を出て公園でいちゃいちゃしちゃいました。」

いや、ひどいですな。「少し、盛って面白くしようとしてるんでしょ」と言う人もいるかもしれませんが、要約内容にいっさい誇張は交えていないですし、原文はさらに細かくオタクをバカにし続けているのです。問題提起とかじゃなくて、ただバカにするだけ。なんというか、2ちゃんの煽りみたいな感じですよね。商業誌に原稿として載っていたのが信じられない、ただのオタク差別の文章です。

編集長・大塚英志の判断により連載打ち切りになりましたが、当たり前ですよね。美少女漫画誌で読者のメイン層にあたるそういう人をバカにして、一体何のメリットがあるのかわかりません。

この文章が発表された時、私は……小学生だったので全然存在すら知りませんでした。小学生は『漫画ブリッコ』なんて読まないですから！　宮﨑勤事件以降の流れで、「おたく」の存在がネガティブにマスコミに取り上げられだしてから、別冊宝島『おたくの本』で初めてハッキリと存在を認識したぐらいのものなのです。いや、『初めて読んだ時、怒りで手が震えた』とか書けたらいいのですが、抜粋じゃなくて全文にあたったのは大人になってからですからね。

『「おたく」の研究』を取り上げて「最初にサブカルがオタクを差別してきたのだ！」と、サブカルVSオタクという構図の中で発言する人が最近もいます。果たして、本当にそうなのでしょうか？　つまり、中森明夫という人物は、岡田斗司夫が仮想敵として想定したサブカルであったり、私の世代や少し下の世代のオタクが仮想敵としたサブカルだったのでしょうか？

まず、中森明夫とはそもそもどういう立ち位置の人なのでしょう。サブカルチャー畑の人には違いないですけど、今でいうサブカルの人ではないような気がするのです。この人が最初にメジャーに浮上したのは『朝日ジャーナル』で連載されていた「新人類の旗手たち」というコーナーに登場した1985年のことです。新人類と言われても、今さらよくわからないんですが、新世代というか若者というか、その程度のことだと思います。『漫画ブリッコ』の連載を打ち切られていた頃からすれば、えらい出世ですよね。

その後、『東京トンガリキッズ』という当時の若者文化や音楽文化を勘違いして取り入れた珍作を発表したり、アイドル評論家になったり、サブカルチャーの黒幕になって『SPA!』（扶桑社）誌上で「中森文化新聞」という「俺の考えたサブカルチャー前線」みたいな連載をやったり、チャイドルという言葉を作ったりという活動をしているわけです。竹熊健太郎の発言によりますと、「サブカル」という言葉を「サブカルチャー最終戦争」（『SPA!』1991・12・25）という記事の中で最初に媒体で使った人なのですが、単にサブカルチャーの略語として使ってるだけなんですよね。記事自体も今読み返すと、山崎浩一と二人で「ボクだってそうさ。だからここがサブカルチャーなんだ。」とかなんか内容のないことを語って煽っているだけで今の感覚で読んでみるとその寒さに驚きましたけど、当時としてもどうだったんでしょうね。

現代のサブカルというのは結局なんだかんだで何らかの作品に対してアプローチしていくものなのですが、実態のないサブカルチャーという理念だけをグルグル振り回して人を煙に巻いて商売している業界人っていう感じですね、中森明夫は。

私が中森明夫という人物を認識したのは中学3年生の時、『東京トンガリキッズ』の連載を通してでした。それぐらいからパンクロックやNWといった音楽を聴き出した私は内外のそういうバンドの情報に飢えていて色んな音楽誌を読んでいたのですが、『宝島』もその中の一つでした。ちなみに同時期に定期購読していたのは『ファンロード』です。

音楽関連の情報を目当てに読みだした『宝島』ですが、のちのサブカルに繋がるようなコラムや漫画にも目を通すようになります。その一環として読んでいたのが『東京トンガリキッズ』なわけですが、本当に大嫌いでした。「若者にも、音楽にも不案内なダサいおじさんが勘違いした想像で書いてる。」というのが当時の私の感想です。

「そんなにイヤならば読まなければいいじゃないか。」と仰る方もいるでしょう。でも、どうしても読んでしまうのです。今度はいったいどんなダサくてひどい話が書かれているのだろうと思うと、ついつい読んでしまい、毎回のごとく、文句を言っていました。多分、連載が終わるまで言い続けていたと思います。その頃、何かで中森明夫本人の姿を見て「何、このカッコ悪いダサい人。こんな人があんな話書いてるの！」と思ってよけいに腹が立つようになりました。ひどい言い様ですが、なにぶん子供の言うことですから許してくださいね。

中森明夫と宮﨑勤

ファンロードを読んだり、パンクロックを聴いたり、『東京トンガリキッズ』に文句を言ったりしながら、勉強もせずに日々ボンヤリとしていた私ですが、ある重大な出来事が待っていました。宮﨑勤事件です。

当時、私が同学年の中でどういうグループに属していたかというと、アニメファン五、六人。アニメと鉄道が一人。特撮ファンのアウシタンが一人。ガロ系のマンガやフールズメイト的な音楽や映画を好む人一人。アニメ、特撮、プロレス、アイドル、SF、パンクやフールズメイト的音楽を好むローディストの自分。それに、ただの凄い変わり者で極端なものだったら何でも食いつく狂気じみた人が一人。こんな感じだったように記憶しています。

私たちの界隈はわかりやすく言うと、成績が悪かったり、スポーツができなかったり、言動がエキセントリックだったり、見た目がひどかったりする人間で構成されたマニアのグループで、スクールカーストの最底辺に属している感じです。ようするに中森明夫にバカにされるタイプの人間たちです。このグループ以外にも同学年でアニメファンとか、今で言うオタク趣味の人たちもいましたけど、その人たちは、見た目がちゃんとしていたり、成績が良かったり、スポーツが得意だったり、言動が常識的だったりするので別口扱いで、身分が低いとかはなかったですね。

現代の感覚でいえばいかにもな感じのキモオタ・グループですが、私たちは自分たちを「おたく」だなんて思っていませんでした。私たちが「おたく」という言葉をつかう場合、明らかに気持ち悪い性的なところ剥き出しの二次コン、ロリコンだったり、コミュニケーションがとれないぐらい異常な人物だったり、「マニア界隈（今でいうオタク）に生息する異常者」を指す言葉として使用していました。私たちは『「おたく」の研究』なんて記事を全然知りませんでした。マニア界隈以外の人は「おたく」なんて言葉は知らないので、バカにされてはいても、自分たちがおたく呼ばわりされることもありませんでした。

宮﨑勤事件が起こるまでは。

ある日突然、私たち（及び、別口と見なされていたヒエラルキーが高い方の人たちも）は、自分たちが忌み嫌っていた「おたく」という異常者をさす称号で呼ばれることになってしまったのです。本当に不快でしかなく、自分たちは「おたく」ではないという主張を繰り返したものの、世間に勝てるはずもなく、ネガティブなイメージだった「おたく」という言葉を捉え直そうというマニア内の動きもあって、自分が「おたく」であるという名乗りを便宜上しぶしぶ受け入れるようになるのはのちの話となります。

受験が終わり東京の大学に進学し、ライブハウス通いにいそしむ生活を続けていた私は一冊の本に出会います。そして、衝撃の事実を知ることになります。

「おたくって言葉を作ったのは、あのダサい奴か！　だいたいあいつ自体がアイドルおたくのくせに！」

そう、その本の名は別冊宝島『おたくの本』、そこで私は中森明夫自身の手によって、その事実を知ったのです。さらに年月が過ぎ、おっさんになった頃、ついに『「おたく」の研究』の全文を読むことになります。

今の視点であれを読むと、リアルタイムであれを読んでしまった人が受けたであろう衝撃や不快感とはまた違う、妙な感慨を伴った感情が湧いてくることになります。あの文章を書いた頃には彼の容姿を読者は知らなかったでしょう。しかし、今は違います。

私の周囲にいる人で彼の画像を見た者の多くが口にするのは「あんなことを書いてるのに、自分が単なるキモオタじゃないですか。」という言葉です。現在の画像は「こんなおっさんオタクいる！」みたいな感じでしかないし、若い頃の画像もネットで見ることが可能なんですが、服こそ高そうですが、すごくオタクっぽいのです。アイドル評論家になってからのち、チャイドルという言葉を作ってローティーンのアイドルを推しだして以降はアイドルオタクのイメージもついています。そういう情報が入った後にあの文章を読んでしまうと、「モテるお洒落なサブカルがオタクをバカにしている。」という印象ではなく、「キモいドルオタがコミケで二次オタを見たら同族嫌悪のあまりキレてしまって二次オタを攻撃しだした。」ような印象になってしまうのです。

『東京トンガリキッズ』や『オシャレ泥棒』は音楽やファッションなど当時の最先端の風俗を取り入れた小説です。しかし、ご本人がそういったものに精通している感じは全くないのです。母親にシャツをズボンに入れるよう言われて拒絶したら、ヒステリーをおこされシャツ・インせざるを得なかったような田舎の男子中学生だった私はファッションのことなど全然わからなかったのですが、音楽に関しては「この人全然わかってない」ということはわかりました。全てが不自然だったのです。ダサい人が無理してお洒落ぶっている感じしかしませんでした。

中森明夫はダサい自分から脱却してモテたくて仕方がない人間で、コミケにいた少年少女にかつての自分を見て苛立ち、必要以上に攻撃をしてしまったのではないか。そんな気がしてしまいます。まあ、本当のところは本人にしかわからないので「俺はずっとお洒落でモテモテだった」と言われたらそれまでですが。ただ、まあそういう風に見えちゃいますよねという話です。

そうは言っても、オタクをバカにする煽りの文章としては未だに破壊力抜群ではあります。時代に合わない部分を改訂してから、どっかに貼り付けたら、元ネタがわからなければ本気でキレる人がでてくるでしょう、あれ。

アイドルオタクをディスっている部分があって、アイドルに手紙を送ると、気に入った手紙にはアイドル自身から返事が届く企画に手紙が沢山届くのがキモいとか、雑誌が本屋に届くのが待ちきれなくて隣町まで買いに行ってる奴がいてキモいとか、特に異常な行動とも思えない部分を攻撃していて、意味がわからないレベルです。

そこまでアイドルファンを攻撃しといて、アイドル評論家をシレっとした顔で名乗り「僕、アイドル大好き！」アピールを堂々とやっているとは面の皮が厚すぎるのではないでしょうか。何年も前に書いた原稿なんて誰も覚えてないだろうと思ったのかもしれませんが、本当にハートが強いです。当時ネットがなくてよかったですね。

「26才で結婚してる奴がグラビアの切り抜きやってファイルしててキモい」とも言っていますが、どう考えても30代後半でローティーンな女の子を対象にしてチャイドル、チャイドルって騒いでいたチャイドルおじさんの方が間違いなく世間的には気持ち悪い存在ですよね。あと、ここでは「おたく雑誌『GORO』」って書いているのに、八年後の「サブカルチャー最終戦争」の中では「70年代を代表するヤングカルチャー誌『GORO』」って言っているのもなんかいいですね。

あと、当時23才の中森が高校2年生の彼女と二人で、オタクがたまっている同人誌を扱っている本屋をおとずれ、オタクをバカにして二人で笑うというシチュエーション、これもたまりませんね。少しヤバすぎませんか。これは果たして実話なのか、フィクションなのか？　これが実話だとしたら、このカップルは性格が悪すぎますよ。中森自身も元々友達があまりいなさそうですが、こんな性格では彼女の方も学校に友達いないのでは。さんざんオタクのことを「友達がいなさそう（笑）」と煽っといて、自分たちの方がよっぽど友達がいなさそうです。オタクは同じ学年に何人かはいるからオタク同士で友達を作れますからね。だったら「23才にもなって女子高生と付き合ってるなんて精神的に未成熟で幼稚なロリコン男だ！　ライター？　そんなのただの無職野郎だ！　そもそも18才未満相手なんて条例違反だ！　通報しろ！」ということに確実になると思いますが、当時淫行条例みたいなやつはまだないんで、そこだけは大丈夫なのでした。

だいたい、これは本当の話なのでしょうか？　煽るために作った嘘のような気がしてなりません。「オタクは男性的魅力がなく、まともな女に近づくことができないから、二次元やアイドルにしかいくことができない（笑）。しかし、俺はお洒落で男性的魅力に溢れているから、女子高生と付き合えるのだ！　うらやましいか！」って見栄をはって自慢気に嘘をついて煽ってるようにしか見えないですよ。デートするのにわざわざキモいと思ってる人間を侮辱しにいって喜んでるバカ・カップルとか現実に存在してるわけなんかないでしょ。

「あれは原稿を面白くするためのネタですよ。」という話かもしれませんけど、ネタであろうが、事実であろうが、単に書いた人間の品性が下劣であるという風にしか見えないです。お前の方がよっぽど気持ち悪いぞ！

中森明夫のアイドル語りがひどい

アイドル評論家としての中森明夫はどうなのでしょう。

91年、サブカルチャー最終戦争が勃発している中、当時人気だった宮沢りえ、観月ありさ、牧瀬里穂の三人を『3M』と名付けたり、チャイドルという名称を生み出したり、90年代は成果を上げていたことと思います。この人は「おたく」の件でもわかるように名付けのたぐいは凄く上手いんですよね。

しかし、現在の彼のポジションを一言で表すならば老害です。現在、日本全国でライブ活動をしているアイドルの数は莫大な数になります。日本でアイドル活動をしている人間の総数を把握している人物など、存在していないのではないでしょうか。48系、46系だけに絞っても全グループの各チームの動向を把握することはなかなか大変でしょう。ハロプロだけ、IDOL STREETだけ、スターダスト系に絞っても、48系、46系に比べたら楽かもしれませんけど、やっぱりちゃんと論評できるレベルで把握することは難しいでしょう。

これらの大きな括りの中に存在しているグループ以外にもメジャー規模のアイドルはいますし、メジャー予備軍クラスのアイドルを含めてしまえば、その時点で全部をちゃんと把握することは物理的に不可能です。しかし、中森明夫は、いとも簡単にアイドルシーン全体の総評をしてしまうのです。しかも女優系まで含めて。さすがに不誠実ではありませんか。

一度、あるジャンルについての権威になってしまえば、そのジャンルについて詳しくないメディアから仕事が長期間舞い込み続けるという現象があります。そのジャンルの専門誌であれば、かつての権威の現状を把握し、フレる仕事、フレない仕事を見極めることができます。

しかし、そのジャンルに詳しくないメディアは、現役で有意義な評論活動や取材をしている人物よりも、どんなに形骸化していようが名前のある人物に仕事を依頼してしまう。ちゃんと調べるのがめんどくさいからです。そういうところに限って大手だったりすることが多いという……。

アイドルにはまり、自ら大きな理想を掲げてアイドル運営に乗り出したが現実に負けて挫折、「アイドルは糞」という発言を残して運営としての責任を途中で放り出して逃げた社会学者の濱野智史が未だに「アイドルに詳しい社会学者」としてメディア関係の仕事をできているのはそういうことですね。「はまのんが今さらアイドル絡みの仕事をするなんて有り得ない。」と事情を知るアイドルファン、アイドルに詳しいメディアからすれば思うのですが、そこら辺の流れを知らないで平気で頼んじゃうんですよね。仕事を受けるはまのんもはまのんですが……。

中森明夫も、そういった流れで来た仕事を未だに受け続けています。中森明夫が何もわかってないとは思ってはいません。48系の一部メンバーやアイドル女優については多分本気で好きなので、ある程度ちゃんとしているような気がします。あと、過去のアイドルに対する見解とか、そこから育まれたアイドル論に関しては現代でも十分価値があると思います。だから、知ってる範囲で仕事を受ければいいのではないでしょうか。

確かにお金は大事ですが、お金のために何かを裏切っていいわけではないのですから。アイドル評論家の看板をかかげている人間が「今、地下アイドルの世界ではハグ会っていうのがある」みたいなアバウトすぎて微妙に間違っている感じの話を人前でしちゃうのはどうなんでしょう。そこら辺のおっさんじゃないんだから。

中森明夫はアイドル評論家としては、いい加減なコメント（SMAP解散についてのコメントもひどかった）をやめて、過去のアイドルを語ることで自分の思想を表現するような方向性に絞るか、どうせ楽曲的な部分はわからないのだから、アイドル女優のシーンに絞って論評していけばいいのではないでしょうか。ちなみに、昔から私はこの人がおニャン子クラブの話をするたびに「ちがーう！　なんかちがーう！」と思っていたわけですが、そんなのは私の好みでしかない話で。だから、中森明夫は無理せずに自分の知っている範囲のところでやっていけば、アイドル評論というジャンルの中でまだまだ何かできるかもしれませんね。それでも、まだ現役アイドルに関する総論みたいなのをやっていきたいなら、自分より若い現役感ある人の仕事をどんどんチェックしていくといいのではないでしょうか。

結局、既にアーカイブ化されているようなものを扱うなら重ねてきた年月がものを言いますが、日々更新されていってる現役のアイドル相手ならフットワークの軽さが重要なわけで、そういうのは若い人の方が強いんですよね。現役のアイドルを語る仕事がしたいなら、そういう人の仕事から色々と勉強したらいいのではないでしょうか。アイドル評論とはアイドルファンではなく、外部の人間、一般社会に向けて語ることだという理念を持たれているようですが、ベースになる情報がいい加減では、何を語っても説得力がないというものです。

私と同世代以降のサブカルと言われているような人間で中森明夫的文化圏が好きな人は殆どいないと思われます。客観的に見て、今のサブカルというのは、サブカルチャーの中の特定のジャンルを対象にサブカルミーハーとサブカルオタクがガチャガチャやっているだけの存在でしかないし、それはそれでいいことなのかなと思っています。

少なくとも、ニューアカの悪いとこだけ取り出して業界人風味をトッピングした、80年代の最悪な部分を継承したような胡散臭い中森明夫的なサブカルチャー論壇みたいなものよりは断然ましです。蛸壷化だとか言われるかもしれないですが、蛸壷化していたのは中森明夫界隈の方ではないですか？『中森文化新聞』は何か生み出しましたか？外山恒一の知名度を上げるのに少し貢献したぐらいでしょう。派手に見せているだけで何もなかったじゃないですか。あんなの中森明夫が偉そうにできる場所を造っていただけでしょう。

サブカルがサブカルチャーの略語だった時期は現在サブカルと呼ばれるものや中森明夫周辺を含めて色んな範囲のものを含んでいたわけですが、今は文化的には無関係といってもいいでしょう。接点があるように見えても、それはプロの人たち同士による仕事上の接点にすぎないと思います。

中森明夫と岡田斗司夫

中森明夫が「おたく」という言葉に悪質な意味合いを込めて流通させ、さらに後にサブカルと名乗ったばかりに「サブカルがオタクを攻撃した！」というイメージができてしまい、関係のない現代のサブカルが未だにその罪に問われるのは本当に迷惑な話です。あれは本当は「アイドルオタクのお洒落ぶった業界人（志望）がアニオタをバカにした」という話なのに。まあ、中森はアイドルオタクもバカにしていましたが。オタクの友達が言っていましたが「住民が放棄して廃墟と化していたサブカル村に新しい住民がやってきて生活しだしたら、旧住民に村を焼き討ちされたオタク村の人がやってきて、勘違いしたまま関係ない新住民に襲撃をかけているような状況」ですよ。

サブカルチャー好きの中のいけ好かない奴と一緒に、サブカルチャーも好きなオタクをも一括りにして「サブカル」であると認定して仮想敵にしたてあげた岡田斗司夫と並んで、私の中では二大戦犯です。普通の奴にオタクだとバカにされ、いけ好かないサブカルチャー好きにはダサいとバカにされ、オタクにはサブカルだとバカにされる。私をこういう目にあわせた中森明夫と岡田斗司夫の二人を私は許しません！　あと勤の野郎な！　まあ、本当は私がキモいのが最大の原因なんですけどね。

「アニメファンの中には、おたくという気持ち悪い奴らがいる。」という話を知り不気味がっていた僕ら。「それは決して僕らのことではない」と思っていた僕ら。ある日突然、自分たちこそがその「おたく」であったという不条理な事実を突きつけられたのです。『「おたく」の研究』の中で叩かれている事例の中には理不尽なものも多かったですが、叩かれても仕方ないような、オタクの中でさえ叩かれるような行動も含まれていました。原文の存在すら知らなかった私たちの中では、そういう問題のある人たちのことを「おたく」だと思っていたのですが、中森明夫にとっては私たちも「おたく」だったのです。

問題のある人は個人として問題を指摘されるべきではあるけれど、その人の持つ一つの属性を取り上げてその属性を持つものはみんな同じであり叩いていいみたいなやり方は許されるものではありません。中森明夫のやった、そしてのちに岡田斗司夫のやったやり方は絶対に認めてはいけないのです。そんなのレイシストのやり方と同じですよ。どちらも性格がよろしくないと思いますが、個人的な悪意だけの中森明夫に対して個人的な悪意に加えて業界内での政治や利権を視野に入れていた岡田斗司夫の方が一枚上手だと思います。じゃあ、サブカルVSオタクはオタクの勝利ということで……って絶対違うし！

さんざん、中森明夫のことを言ってきましたが、結局中高生の時の私もキモい「おたく」という存在を外部に想定して自分の気持ち悪さについて省みることがなかったという点では中森明夫と全く一緒なのです。当時、中森明夫に対して大塚英志が似たようなことを言っていますね。

人は何もかも棚に上げっぱなしにしておくことは許されないのです。棚に上げてしまったものは必ず下ろしてこなければなりません。中森や岡田を性格が悪いと言っている自分もやっぱり性格が悪いし、キモい存在なのです。性格のいい人は他人をいちいち性格が悪いとかいってあげつらわないし、そんな陰湿なことをやる人間はやっぱり気持ち悪い奴なのです。そして、こんなことを書いて己自身を省みてるような気分になってる自分という人間はいやらしい人間なのです。

どっちみちいやらしいんですけど、自分は無垢な存在で無謬な人間なのですという顔をして生きていくよりはいくらかはマシじゃないですかね。

こういう、本質的にいやらしい話をしてしまうことになって本当にイヤな気分です。こんなイヤな気分になったのも「サブカルの黒幕」と「オタキング」の二人のせいかと思うと本当に腹が立ちます。だいたい、二人とも恥ずかしいニックネームを名乗っていて恥ずかしい。他人が揶揄して言い出した名前を自嘲的に名乗りだしたということになっているけど、実は本気で自分のことをそう思ってそうなところが似てるし、腹立たしい。こんな奴らに自分の人生が少しでも左右されたかと思うと許せない気持ちでいっぱいだ！　いや、そんなことがあるはずはない。俺がオタクだとバカにされたり、サブカルだとバカにされたりしたのは、こいつらのつまらない言動なんかとは全く関係がないはず。単に俺がキモいからバカにされたのであって、俺がキモいのがいけない！　全部、俺がキモいせいい！　それだけッ！

第三章　そのサブカル、間違ってます！

サブカルを分けてみた

現在のサブカル・シーンというものは90年代に雛型が形成されました。80年代から続くニューアカの流れをくんだサブカルチャーの略語としての「サブカル」シーンの浸透と拡散と結果としての形骸化。電波系、鬼畜系といった社会的にネガティブなイメージを持たれるアンダーグラウンドなもののポップカルチャー化と衰退。岡田斗司夫によるサブカルとオタクの分断工作。そういったところが媒体側、クリエイター側の大きな動きであるように把握しています。

80年代から活躍している人たちが「偉く」なっていき、メイン・ストリーム寄りの活動に寄っていって、後続のサブカル好きの人たちにサブカルと認識されないようになっていき、その人たちがやっていったことも一緒に離れていってしまう。単に次の世代に人気がなかったり、あきられたりした人やジャンルがそのまま忘れられてしまう。

そういう自然な感じでなんとなく再編がされていくうちに残ったものと、岡田斗司夫による人為的な線引きによってオタクのものとされたものが引かれた残りのものによって形成されたのが現代のサブカルの雛型です。かつての「サブカル」に比べて、その領域は、かなり狭い範囲になりました。

その人が文化的にどういう人種か考えていく上での軸として、嗜好の違いで考えるか、アプローチの違いで考えるかという、二つの条件があります。90年代当時のオタクとサブカルで大雑把に考えてみましょう。

基本的にオタク向けコンテンツに興味がない、それ以外のサブカルチャーを好む人たち。基本的にオタク向けコンテンツにしか興味がない人たち。オタク向けコンテンツを含むサブカルチャー全般を好む人。これは嗜好の違いですよね。前から順にA、B、Cとそれぞれを呼ぶことにします。

対象に対して思い入れ深く執着する人。対象そのものより、その情報に執着する人。対象を通して自分の思考を語ることに執着する人。これは対象に対するアプローチの違いです。これも前から順にa、b、cと仮に表記します。aの特徴を持つ人は、bやc

の特徴を持つ人に対して「対象に愛情が感じられず不快だ」と思いがちです。

典型的なオタクのイメージはＢａの要素を持つ人ですよね。オタクコンテンツのみを好み、対象そのものに執着を持つ人です。対して、典型的なサブカルのイメージはＡｃ及びＡｂの人ですね。対象自体よりも対象について語ることで自分の考えをアピールすることに執着する人と、対象それ自体より対象にまつわる情報に執着する人です。

実際にはこんな典型的な人ばかりが世の中に存在しているわけではありません。Ｃ群の人たちのように対象が両方の領域にまたがっている人たちをオタクなのかサブカルなのか決めるのは本来であれば、難しい話です。Ｂでｂやｃの特徴をもつ人、例えば岡田斗司夫のような人も存在すれば、Ａでａのように対象がアニメ等のわかりやすいオタク向けコンテンツでないだけで行動原理はオタオタしい人だって世の中にはいます。現実の世界ではっきりと線引きするのは難しいのです。現代であれば「オタクというのは二次元のコンテンツで萌えの要素が含まれた作品を好む人間のことだ！」とか、昔よりもわかりやすい分別の要素がなくはないですが。

マウンティングするバカ

80年代、ニューアカの流れの中でハイカルチャー寄りの批評空間にいた学者、評論家が今まではそういう批評、研究の対象としては取り扱われることが少なかったサブカルチャーというジャンルに属するものを積極的に取り上げていく風潮がありました。それによって、元来そのジャンルを愛好してきた人がそういった思想体系に興味を持っていく流れの中で変にそれにかぶれてしまう人たちがいたり、そういった思想体系にかぶれている一般ユーザーがサブカルチャーを対象にして発言することを好むようになったりもします。

ハイカルチャーにかぶれているレベルの人というのは、とかく上から目線で発言をしがちです。しかも、よく知らない対象に対しても、「自分は絶対に正しい」ぐらいの勢いでトンチンカンなことをわかった風に言ったりします。ちゃんとそういったものを勉強している人は別にそんなことは言いません。人間的に未熟だったり、浅はかであったり、マウンティングによる順位付けを好むイヤな奴だったりするから、そういうことを言い出すのです。こういう人たちの言動が後にオタクと呼ばれることになるタイプの人たちの間で当然悪印象を与えたことは想像するにたやすいですし、これがサブカルの悪イメージの原点になっているのではないかと思います。

まあ、こういった言動はサブカルとか思想かぶれだけの特徴ではなく、オタクの人の中でも自分のよく知らないジャンルに対しては　これをやっている人も見受けられるので本質的には性格的な問題だとは思います。サブカルとかオタクとかに限らない話です。

Ｔｗｉｔｔｅｒ上でよく見かけていた、イギリスのアンダーグラウンドから生まれたダンス・ミュージックであるグライムを愛好する人物がいたのですが、グライムに対する偏見混じりの上から目線の発言や無知からくるいい加減な論評に対してやたら噛みつき、それに対する批判をしているような人でした。それはよくわかります。自分の好きなジャンルに対して、そのような振る舞いをされたら普通怒るでしょう。

ところが、同時にその人は自分が全然知らないような初期パンク、サブカル、アイドルなどに関しては無知丸出し、偏見丸出しの発言を平気で行い、Ｔｗｉｔｔｅｒ上でそのことを指摘され議論になりそうになると逆ギレして即相手をブロックするような人間でもあったのです。

この例からもわかるように、こういった悪癖はどこかの文化圏固有のものではないのですが、未熟な人が思想にかぶれたりすると「自分は高踏な趣味をもった高踏な人間。自分は他の人間より偉いんだ。」と自分のことを勘違いした人間に他のジャンルよりもなりがちです。80年代、ニューアカは流行っていたので、分母が大きければそういった人たちの数も当然増えます。すごく、うっとうしかったことと思います。

みんなアニメが好きだった

私の世代、１９６０年代後半から70年代前半に生まれた人間は80年代のアニメブームを幼少期から思春期にかけて経験しています。『宇宙戦艦ヤマト』の流行から端を発したこのブーム。富野由悠季監督の『機動戦士ガンダム』から始まるサンライズのリアル・ロボット路線。視聴者として女児だけではなく男性アニメファンも対象に入れた新しいタイプの魔女っ子アニメの勃興。『ルパン三世／カリオストロの城』から始まる宮崎駿ブーム。単に児童向けのコンテンツとしてのTVアニメではない、後のアニメオタクの好むアニメの雛型が形成された時期です。

富野作品を愛していた当時の私は「アニメは幼稚なものではない。大人の鑑賞に耐えうるものだ。」と思っていました。まあ、当時の私は小学生、まるっきりの子供なんですけど。それはともかく、ガンダムのような、それ以前のアニメと比べて〝内容が複雑でテーマ性が高い。キャラの人物造形もリアリティがあり、デザインもリアリティがある〟作品は背伸びしたい一部の子供たちにとって大人の匂いがするものだったと思います。ガンダム・ブーム以降の流れにのって、アニメファンになっていった小学生たちのその後はどうなっていったのでしょう。一例として私の周囲で起こった体験を語ってみたいと思います。

まず、中学生になる時にアニメは幼稚だからと観なくなる人たちがいました。こういった人たちのことを私は「内容を理解せずに観ていただけの愚かしい人間だな。実際の内容を把握していたらそんなことは言えないはず。自分の頭では考えず、流行りや世間の常識に従えばいいと思ってやがる。」ぐらいに思っていました。痛々しいですね……。

当時の社会的常識に合わせてアニメから離れる人もいる一方、別の理由で離れていく人もいました。部活が楽しくて生活の中でのアニメの比重が減ってきて自然と観なくなった。他のサブカルチャーに好きなものが増えていき、そちらに比重が傾いていくうちに観なくなった。思春期を迎え恋愛に興味が向かい（略）。ようするに「他に好きなものができた。」という、わかりやすい例です。

『機動戦士ガンダムZZ』が失敗作に終わり、好みの作品が現れないまま自然とフェードアウトしてしまったという人もいました。好きなタイプのものが供給されないから、そのジャンルの過去のものは好きだけど、撤退する形になった人です。こういった人はふとしたきっかけで戻ってきがちです。

高校生ぐらいまでアニメファンでいた人たちは、マニアックな情熱を傾けている人と悪い意味で小学生と変わらない感じでアニメが好きな人たちでした。

ようするに変わり者と幼稚な人、選んだ人と行き場のない人でもあります。どちらも世間から忌避されるタイプです。変わり者は変わり者で世間的に非常識な振る舞いがあったり、幼稚な人は幼稚な人で年齢にそぐわない非常識な幼い行動があったりで、どちらもキモい存在なのです。

元々、アニメファンをやるような人は内向的な人が多いので、他のサブカルチャーを趣味にするようになる人も多いです。そういうオタ卒した人の中にはアニメファンに対して非常に侮蔑的な言動をとる人もいました。去年までは一緒に肩を並べて同じアニメを観ていたというのに。こういう人たちは過去の自分を恥ずかしく思うあまり、かつての自分を思わせるアニメファンの様子に自我が耐えきれないのでしょう。中森明夫現象です。知り合いでオタ卒した人の多くは、アニメという共通した話題がなくなってしまうと自然と疎遠になっていきますが、その後も交流が続く人もいましたし、そこは本当に性格の問題ですよね。サブカルに流れた人の中にオタクに対する侮蔑的な言動が多い人がいれば、そういう人間がサブカルだと思い、サブカルに対する悪印象が生まれても不思議ではありません。

ちなみにサブカル趣味にいかなかったそういう人たちは「世間」に回収されます。「世間」は元からオタクをバカにしている人が多いですから、「オタクと同一視されてバカにされてはいけない」という理由から、オタ卒した人が必要以上にオタクに対して攻撃的になる場合もありますね。

ファッションサブカル野郎

アニメから他のサブカルチャーに興味が移ったというよりは、アニメブームから「サブカル」ブームに乗り換えたと言ってもいいミーハーな人たちもいます。ミーハーと言っても、その時々の流行りを素直に楽しんでいる人なら、そういう軽薄さに対する好き嫌いはあったとしても、悪い人とかそういうわけではありません。

しかし、ミーハーな男性の中には、「流行りに目ざとい俺ってかっこいいでしょ?」みたいな感じで異性にモテる手段としてそういうことを用いている人もいます。そういう人が自分の好きなジャンルを対象にそんなことを始めやがるとめちゃくちゃ腹立たしいですよね。ジャンル自体に対しては何の愛情もなくて、ただ自分を飾り立てるためのアクセサリーとして、そういうものを使っているわけですから。

そういう人たちの目的は「最先端の知識を語って、女性に素敵だと思ってもらう。」ことなのですから、対象は基本的にそのジャンルを知らない人になります。だから、いい加減でも何でもいいから相手が感心すればいいわけで、語る内容が雑すぎることなんて、よくあります。

10年以上前、長らく消息不明だった『聖マッスル』『女犯坊』などの作品で知られる漫画家・ふくしま政美が現役復帰することになり、それを記念したイベントが新宿のロフト・プラスワンで行われ、掟ポルシェと一緒に見に行ったことがあります。その時に相席になった男たちがまさにこういうタイプの人間でした。

中年男二人、若い女性一人の三人組でしたが、男たちがイベント中にやたら女性に話しかけているのもうるさくてイヤでしたが、内容のひどさたるや。ふくしま先生の作品として、しもさか保先生の『ガクラン八年組』の名前を挙げていたり、あきらかに間違った内容の業界噂話をしていたり。当時、私も掟さんも単なる素人だったのですが、その素人の私たちでもわかるレベルのデタラメを喋りながら女性の気をひこうとしている姿に二人ともげんなりしたのでした……。

こういった男はどこにでもいるとはいえ、知識があることがステータスになりがちなサブカルの世界には他の世界よりも多く存在していたことでしょう。サブカルに対する偏見のもとになる一つです。

間違ったサブカル批判

「ニワカのよそ者が上から目線で評したり、間違った知識をひけらかしたりしてくる。」
「オタクに対して非常に侮蔑的な態度をとってくる。」
「モテるためにやっている。」

こういった一部の人間による悪質な行動を受け、オタク的な人の中で実体験に基づいた敵意が形成されていきます。そういった中、業界内での利権に絡む陣取りゲームのために岡田斗司夫がサブカルとオタクの分断工作を行います。自分の都合と好き嫌いにのっとって、サブカルとオタクの間にハッキリとした線引きを行い、サブカルを明白な他者として仮想敵と認定したのです。その際に「サブカルチャー好きな奴は全員がミーハーで底の浅いくせに変にスノッブな態度で上から目線でオタクをバカにしていて対象に愛情がなくて女にモテるためにやっている不快な奴ら」であるかのようにとれる誘導をしたのです。

ある集団に属する問題がある特定の人物を取り上げ、その集団自体がそういう問題がある風に認定するのは、まるっきりレイシストのやり方です。だいたいにおいて、そういう問題を抱えている人物は認定している側にもいるのです。そもそも、岡田斗司夫自体が「作品に対しては愛情がなく、自分が凄いと思われるためだけに作品を評している、金と女と権力にしか興味がない人物」ではないですか。それだったら、オタキングこそが、サブカルの悪を体現したサブカルの権化なのではないのですか？ まあ、岡田は「サブカルの奴らはみんなニット帽を被っている」と言っていたそうなので、サブカルではないでしょう。単なるイヤな奴ですね。

この区分けは非常にいい加減なものです。唐沢俊一のやっていることは普通に考えてサブカルの領域に入っているのに、なぜオタクなのか。どう考えても、岡田と仲が良いというだけの話です。ロックを聴いている奴はサブカル？　私たち以降の世代ではアニオタのバンドマンなんて珍しい存在ではありませんし、岡田たちがロックとかを音楽的に好まなかっただけで、普通に岡田世代のオタクの中でロックを聴いている人がいなかったかというと疑問です。

オタクにファッションに興味のない人が多いのは確かですが、サブカルがファッショナブルな人たちばかりかというと、それは違いますよね。サブカル有名人の中にも世間的に疑問視される服装の人は沢山見受けられます。結局、岡田が自分の嫌いな人や嫌いなものに勝手にサブカルのレッテルを貼って仮想敵にしただけじゃないですか。利権が絡んでいるだけに中森明夫よりも岡田斗司夫の方がたちが悪いです。

私のようにサブカルチャーも好むタイプのオタク体質の人間は、おたくにされたり、サブカルにされたり、常に知らないところで所属を決められてきました。身に覚えのない罪を背負わされながら。だいたい、業界の人間の都合とか知ったことではないのですよ。しかも、自分が忌み嫌っていたタイプの人間につけていた呼称をもって、自分が呼ばれることになるつらさ。まあ、これは他人にレッテル貼りをしてバカにしていた罰が当たったと思ってあきらめるしかありませんね。結局、中森とか岡田みたいなレッテル貼りによって集団をバカにするようなことをやっていたのですから。

今、わかることは、上から目線で評したり、間違った知識をひけらかしたりしてくるニワカのよそ者も、オタクに対して非常に侮蔑的な態度をとってくる奴も、モテるためにやっている奴も、それはサブカルではなくて、単なるイヤな奴なのです。ただ、自分は自分以外のキモい奴もイヤな奴も嫌いなので、そういう人に対してはレッテル貼りをせずに相手を一個人として捉えて嫌っていきたいと思います。

サブカルのオタクいじめはあった？

自分より下の世代、70年代中盤から80年代前半の人と話をしていると、「サブカルがオタクを攻撃していた。サブカルはオタクをバカにしていた。」という話が出てきますが、そこでいうサブカルがどんな人を指しているかよくわからない場合があります。彼らは宮﨑勤事件以降、その影響からオタク差別が一番ひどい時期に思春期を過ごした世代です。宮﨑事件以降、そんなに時間が経たないうちに私は高校を卒業したので学生時代に極端なオタク差別（それまでもバカにはされていましたが）に晒される時間はそんなになかったのですが、下の世代は学生生活の中で長期間に渡って悲惨な目にあっていたこととは思います。

前述したような感じでオタクとサブカルの争いと呼べるようなものはあったでしょう。オタ卒してサブカル趣味になった奴が攻撃してくるような。ただ、育った地域にもよるでしょうけど、そんなにサブカルっていたのでしょうか？

私が直接聞いた話だと「専門学校時代にイヤな奴がいてアニメファンをバカにしてきた。映画が好きで『ＰＡＴｉ ＰＡＴｉ』とか読んでいるバンド好きな奴だった。これがサブカルかと思った。」という話があります。話をしてくれた彼はＣのタイプでオタク向けコンテンツを含むサブカルチャー全般を好む人、自分をオタクとして認識していたのと、私と同郷の地方出身者で運動部やヤンキーからのオタク迫害にはあったことがあっても地元にサブカルだと認識されていた人物もいなかったことから、「映画とロックが好きでオタクを差別する人物」が現れたことで、噂に聞くサブカルなのではと認識したのでしょう。

しかし、映画に関しては特にマニアックな映画を好んでいたという記憶もないらしいし、『PATi PATi』という雑誌はミーハー向けの邦楽雑誌でマニアックな要素というのは実質皆無。多分、その人はサブカルではなくて普通の若者で単なるイヤな奴です。

他の人から聞いた話は「自分もアニメや漫画好きなくせに『俺はサブカルでオタクでない』といってオタク差別から逃げ、一緒になってバカにしてきた」といった内容でした。「自分をサブカルだと認識しているCタイプの人が、他の人たちと一緒になってバカにしてきた」という話かと思ったのですが、よくよく聞いてみると何か違う。「エヴァ好きな奴が、他のアニメが好きな奴をオタクだと言ってクラスの他の奴と一緒にバカにしてきた」ぐらいの内容なのです。そいつに他のサブカル趣味があったかどうかも定かではありません。

これってリアル・ロボット路線が好きな人より魔女っ子アニメが好きな人の方が世間的にはバカにされてたので、「『装甲騎兵ボトムズ』が好きなオタクが『魔法の天使クリィミーマミ』が好きなオタクをバカにしてきた」みたいな話に、世間一般のオタク差別の風潮が高い時代背景が合わさっただけの話なのではないでしょうか。

これは「自称・サブカルのイヤなオタクが、世間側にいるふりを装って他のオタクを攻撃してきた」という中森明夫に似た案件なのではないでしょうか？ サブカルの実体を知らないので、「オタクの仮想敵はサブカル」という情報から自分を攻撃してくるものをサブカルだと誤認してしまったり、単なるオタクのくせにサブカルを名乗った人間をサブカルだと誤認してしまう。はっきりわかるのは、ソイツらは性格が悪いということだけです。

イケダハヤト、はあちゅう

「イケダハヤトとかはあちゅうとか新しいサブカルについてどう思いますか？」とか聞かれることがあるのですが、あの人たちサブカルでもなんでもないでしょ！ イケダハヤトさんはかろうじて批評活動をやっていると言えなくもないですけど、はあちゅうは何でもない人でしょ。炎上を狙った極論を発信してブログのヒット数をあげてアフィリエイトで金を稼ぎつつ、それで自分の名前がGoogle検索上位にくるようにして知名度をあげながら、ブログで稼ぐ方法を有料セミナーで教えるような、自分の考えを世に広めるのが目的というわけではなく、信者を相手に商売をしていくことを目的としたタイプのブログ・ビジネスをやっている人たちの一人じゃないですか。

ネット文化というのもサブカルチャーの一部ですし、オタクっぽいとかサブカルっぽいと思われがちですが、それ自体が独立した文化じゃないですか。その中でも信者ビジネスを中心に活動しているタイプのブロガーは、サブカルに縁もゆかりもないぐらいに考えるのが正しいのではないでしょうか。

イケダさんは夏目漱石を悪文家だと評していますが、さすがに漱石は悪文家ではないでしょう。炎上狙いの逆張りのためにわざわざ考えたのでなければ、単にイケダさんの文章に関する力が弱いだけではないですかね。

イケダさんにしろ、はあちゅうさんにしろ、文章があまり上手くはないのですが、この感じがやっていることに見合っているのではないですかね。ああいったブログを熱心に読んでいるような人は少し高度な表現を使った文章だとわかりにくくて読んでくれないのではないかと思うからです。あまり、本を読まないような方が相手なのかと。

ビジネス展開をしているプロ・ブロガーみたいな人の文章って一見わかりやすすぎるというか、平易すぎるものが多くありませんか。それでいて、一文、一文は簡単なのに、通して読むと意味がよくわからないみたいな原稿になっているというか。この、わかったようになるけど、実際のところ何が伝えたかったかはよくわからなくなるような文章こそが、彼らのビジネスには重要なのです。

本来の意味で文章の完成度をあげても仕方がない、なぜなら、相手はそういうものを求めてないし、理解できないのですから。だから、幼稚にすら見える文章を提示して、初めて支持を得られる。どんなに悪文に見えても、それは彼らのやっていることに必要なものなのです。はあちゅうさんは本人がそれしか書けない疑いはありますが、イケダさんはあえてやっている可能性があるような気が少しはします。少しは。とにかく、サブカルではないと思います。

サブカル評論家と呼ばれる人

東浩紀や宇野常寛のような、いわゆるサブカルっぽい作品やサブカルっぽい現象を俎上に並べて評論することもある評論家をサブカルという人もいます。それはどうなんでしょう?

例えば少数民族に対する調査・研究を行っている文化人類学者は別に少数民族ではありません。単なる文化人類学者です。同じようにサブカルを題材に批評活動を行ってもサブカルということにはなりません。

現代思想や、社会学のようなアカデミックな領域で行われる評論というのは、単に作品や事象を研究したり批評したりすることが目的ではありません。その結果から、さらに学問の世界に何かをフィードバックさせなければならないのです。アカデミックな世界の人間がサブカルを扱うのはアカデミックな世界に貢献するためであって、サブカルに貢献するためではないのです。顔の向いている方角が違うのです。そうなってくると「サブカルを搾取しているのではないか」みたいな考えも出てくるとは思いますが、学問というのはそういうもんですからね。誠実に接触して、誠実に研究しているのであればいいのではないでしょうか。

逆に、どんなにアカデミックな用語を使っていたり、新しい学問的な成果を取り入れてサブカル批評を行っていたとしても、それはハイカルチャーなものであるとは限りません。学問の成果を流用しているだけで、別にその結果が学問の領域にフィードバックされるわけではないからです。

サブカルを対象にした研究・評論を行うハイカルチャーの領域に属している人と、ハイカルチャーの影響が強いサブカルの人は一見似通っていて区別が付きにくいのですが、向いている方角が全然違うわけで、混同してはいけません。まあ、ハイカルチャーの領域の人が商業活動の一環として本来の業務とは別にサブカルの人向けの本を出したりもするので、余計にややこしいですけど。あと、こういう人たちにかぶれて、大した学問的なバックボーンをもってないくせに、そういうムードを出していこうとするタイプの人が一番たちが悪いのは確かですね。

Ｔｗｉｔｔｅｒ上で「パラフレーズをさらにパラフレーズさせる」という文章を「悪意ある要約を繰り返しして、元の文章の内容を歪めている」という文脈の中で使いながら他の人にリプを送っていた人がいるのですが、「原文の意味を維持している言い換え」がパラフレーズなので、完全に使い方間違っていますよね。できるだけ平易な文章を書こうとしても語句の誤用はありえますし、私だってやらかしてしまうことはあります。ほっといたって、そういうミスを人間は犯してしまいがちなものなのに、わざわざ賢く見せて相手にマウンティングをしようとして間違いを晒すなんて悲しすぎます。

ここまで悲しい事例はなかなかないですが、意味を把握しきれないままハイカルチャーっぽい語句を多用していたり、内容を十分理解できないまま現代思想の引用を図ろうとしている人はそれなりにいるわけで、自分を賢く見せたいという欲望に溺れてる人には困ったもんです。「これこそサブカルの持つ病」みたいに言いたい人もいるでしょうが、難しい言葉や文章を使って自分を大きく見せようとする人はどこにでもいるわけで、こういう人は単なる恥ずかしい人だと思います。

第四章　カリスマはいなくなった

ターザン山本という男

かつて、日本のサブカル界には強大なカリスマ的人物が存在しました。インターネットが普及する以前、いや、もっと言うならば、Ｔｗｉｔｔｅｒが普及する以前の話です。例えば、故ナンシー関。彼女の発言には絶対の信用と信頼がありました。Ｔｗｉｔｔｅｒ普及以降は限られたコミュニティの中での小さなカリスマめいた人物はいても、新しく大きなカリスマ的な影響力を獲得した人物はまだいません。それどころか、かつての強大なカリスマ的存在が光を失うことの方が多いのではないでしょうか。

影響力の強い人物はいます。たとえば、吉田豪は確かにサブカル層に非常に高い影響力を誇っていますし、もっともＴｗｉｔｔｅｒの特性を上手く利用している人物ですが、カリスマかと言われると違うでしょう。彼の仕事に関する信頼度は高いです。

しかし、自分自身の『思想』を強く打ち出すことで求心力が生まれてくるカリスマ・タイプの人間ではなく、逆に自己を主張することなく、何でも受け入れる依り代的な在り方をとる人物。人間というよりは一つの強大な情報システムとして君臨しているわけで、個人的な神格化とは一番程遠いやり方をしているし、本人もそこを回避したやり方をやっているからです。自分の『我』を最大の武器とするようなカリスマ・タイプとはもっともかけ離れたタイプだと言えるでしょう。

小さなコミュニティではカリスマ的影響力を持つ人物は何人も存在はしますが、大きな枠の中でそのような神格化された影響力を持つにいたる人間が新しく生まれてくる気配は皆無です。現代において、サブカル・カリスマみたいな在り方がなかなか成立しにくくなったのは何故なのでしょうか?

ネット普及以前からSNS黎明期にかけてのカリスマ的な存在についてまず考えてみましょう。たとえば、ターザン山本という人物がいます。80年代後半から90年代前半にかけて『週刊プロレス』の編集長として業界に強い影響力を持ち、それこそカリスマ的存在として、人気を博してきた人物です。彼のかつての人気、そして現在の凋落ぶりについてまずは考えたいと思います。

ターザン山本は確かに編集長としては有能でした。『紙のプロレス』の編集長・山口日昇、骨法の創始者・堀辺正史（彼らが小さなカリスマ達だったりするのも興味深いのですが）等、多くの外部ブレーンを抱えその意見を誌面に反映させ、カルト宗教のような理不尽な掟で統率し過剰な労働を課すことで編集部内に異常なパワーを生み出し、『週刊プロレス』の栄光を作り上げました。そして、その栄光を他人に分配することなく、自身に一手に引き受けることでカリスマ化することに成功したのです。実際、ターザンは有能な編集長だったと思います。有能なブレーンを発掘し、部下をターザンイズムに染め上げて育てた点は評価に値します。

しかし、ブレーンの意見はターザンの言葉として発せられ、部下たちの業績も全てターザンが持っていきます。ブレーンの人たちは週プロ誌上で多少のフックアップはなされていたり、本人が考えを発することができない立場にいる中で意見が世に出て嬉しいというのがあるので、まだよかったとは思います。部下の方は名誉も、そこから派生する金銭的な利益も搾取されていたわけで、普通だったら耐えられないとは思うのですが、彼らの「プロレスへの情熱」を人質にするようなカルト宗教的な管理体制によって色んな疑問がわかないように追い詰めることで、上手く使うことができていたのでしょう。

ターザンはカリスマ化するに従って、増長していきます。結局、ジャンル雑誌というのは、そのジャンルあってのもの。そのジャンルが好きな人に買ってもらうことで成立しているものなので、そのジャンルを扱えなくなったら誰も買ってはくれないでしょう。たとえ、業界にどんなに影響力があっても、ジャンル自体に拒絶されたなら勝ち目はありません。

業界の権力者と手を結んで、その意にそわない団体をバッシングして潰すことができても、新興団体に誌面での扱いで圧力をかけることができても、ジャンル自体を潰したりすることはできないのです。ジャンル雑誌はジャンルより偉くなることは許されないし、偉くなることはない。ターザンはその大前提を忘れて、業界最大手である新日本プロレスに不興を買い、結果的に失脚し『週刊プロレス』を追われます。

全盛期に金も名誉も一人占めしていたターザン。『週刊プロレス』という媒体を失ってしまったターザンは、そんな過去の振る舞いや、失脚しても未だに週プロ時代の増長した意識が抜けない無礼な様子からくる人望のなさから人間関係を徐々に失い孤立化していきます。ここで、ターザンが原稿なりなんなりで才能を発揮できれば良かったのですが、そういうことはありませんでした。ターザンの執筆者、発言者としての才能は色んな人の意見から良いところをピックアップ、それをショーアップしてパンチラインを散りばめ派手に語る能力にあるわけで、大元になる他人の意見が絶対に必要なわけです。今までは『週刊プロレス』の媒体を実質持っていたために、様々な人からの意見を集めることが可能だったわけですが、媒体を失ってしまえば、そうはいきません。利用価値があるからターザンと交流していた人間は当然去っていきます。

かつてのブレーンたちも他に自分自身として意見を発表する場を得てしまえば、ターザンを見限ったとかそういうことがなくても、そこにターザンを通す必要はなくなります。結果的にターザンがサンプリングできる範囲は狭まり、かつ内容の質が下がります。当然、仕事の質も下がります。仕事の質が下がると、今までは「あの人は人間としてはひどいけどいい仕事をするから」という部分で許容されていたターザンの問題ある振る舞いが、いい仕事という担保を失うことで許されなくなり、人が離れていきます。これを何度も繰り返すことによって、どんどん事態は悪化し、編集長時代の裏話やプライベートを切り売りして笑い者になるという時期すら終わり、何を言っても笑われもしないというか、誰にも気づいてもらえないというところまで行き着いてしまいました。

他にも、フリーになって以降、時代に合わせたアップデートをしようとせずに不勉強に過ごしたり、勤勉さに欠けていたなどの問題がターザンにはあったわけですが、一時期はカリスマ編集長と言われた人間の姿としては、自業自得とは言え、非常に寂しいものがあります。

ブレーンに頼りすぎて凋落

ターザン山本の栄光と転落について軽く眺めてきましたが、「現代においてはサブカル界でカリスマ的存在の成立は難しい」ということとのどのような関係性が見いだせるのでしょうか？　サブカル的評論人でのケースを色々考えてみたいと思います。

編集長時代のターザン山本は多くのブレーンに頼っていたために、意見がコロコロ変わったり、そこから矛盾が生じてきたりするのですが、そのことを問題視する人の数はそこまで多くはありませんでした。週刊誌というものは当然ですが、次の号が出るまでに一週間という時間がかかります。読者はその間に内容を結構忘れてしまい、パンチライン的なものぐらいしかおぼえてないものです。良いこと言っているという印象だけが残ります。変だなと思っても、それを指摘する場は当時なかなかありませんでした。

今だったらどうでしょう？　ネットが普及している現在では、いち早くネットで情報を捉え、何らかの意見を発するというのはプロのライターにとっては重要な部分があると思います。毎日何かを発信するような状態で、ある程度以上知名度のある人物が、ターザンのように複数の他人の意見を自分の意見として発表するやり方をしていれば、さすがに「この人、一回一回は良いこと言ってるけど、通してみると矛盾だらけだ。おかしくない？」と思い出す人が多くなります。今では誰でもネットで気軽に発信できるのだから、気づいた人がいれば当然そのことについて発信することでしょう。自力では気づくことがなかった人が、そういった発言を見ることで、矛盾に気づくことになることも多く見られることでしょう。紙媒体の頃なら、その媒体を手にとって見なければ知る由もなかったような情報がＴｗｉｔｔｅｒでは過剰なスピードで拡散されて、情報が流れ込んでいきます。良い話よりも悪い話の方が流れるのが速いというのは人間の性というもので、その人を知らない人、そのジャンルに興味ない人にも悪評が流れていきます。その人を知る前にその人の悪評が知られている状態になるわけで、そうなってしまえば広がっていくことが困難になってしまいます。現在のＴｗｉｔｔｅｒでも「一回ごとの発言は非常に筋が通って見えるが、それぞれの発言には矛盾した見解が多く見られる」人物が多く見受けられますが、それなりの知名度や影響力ができた時点で、問題点を指摘する声が生まれ、信者めいたファンを獲得するにはいたっても、小さい範囲でのカリスマに終わってしまいます。

また、ブレーン制度の問題です。私もそうですが、友人たちとの語らいの中で色んな見解が生まれ、それを集団で共有することはよくあります。また、コアになるアイデアを思いつくのは上手いがそれを発展して文章化することは不得手な人物のアイデアをもとに仲間内の別の人間が発展させて、自分の見解も交えつつ完成させて発表するというのもあります。これらの関係は互いの信頼と敬意があって成り立つものですが、よくある風景ではあると思います。

発信する手立てが限られた時代では、あえて発信手段を持つ一人の人間に全て集めて世界に発信していこうというのはあったと思うのですが、今はその気になれば誰でも発信できます。別に媒体の人間でなくても自由に意見を発信できるのです。複数の人間が意見を出し合い、お互いの意見に影響を受けながら一つの概念が生まれていく過程が、ネット上で可視化されている場合も多いでしょう。そういう時代で「私が全部考えました」という風にやっていくというのは無理というものです。商業的なプロジェクトとして一人の人間を売り出すためにやるなら、お金という対価が払われた仕事としてブレーンをやるということもあるかもしれませんが、それはサブカル・カリスマみたいな在り方とは別の話になってしまいますしね。

そうやって生まれた概念を一番上手く文章化できる人間が主となって発表していくこ

とになったとしても、他の人に敬意を払わなければ当然反発を食らいます。ネットで批判されることにもなるでしょう。文章においても一人の手柄を主張するのでなく、「我々で考えたものだ。」というところを記していく必要が出てくる場合もあるかもしれません。そうなると印象として若干歯切れは悪くなるし、「他人と違う感覚を持った人間」という印象からくるカリスマ像とはどうしても離れてしまうことでしょう。

そういった、以前はメディアの外にあって見えなかった人たちが、ネットを通して可視化されている以上、手柄を一人占めというわけにはいかないのです。

カリスマ的な人物が発するオリジナリティのある素晴らしい意見。しかし、世の中にはその域に達しないでも、同じようなアイデアの萌芽を持つ人や、完成に至らないでも同じことをやろうとしている人たちは同時代的に大勢います。それがプロではなく素人でもです。彼らは以前ではそれを示すことはできなかったのですが、ネット普及以降は少なくとも発信することはできます。完成度が低かったり、たとえ過程に過ぎなくても、同じことを思いついてる人がいることは可視化されているわけで、以前は完全にその人だけのオリジナルとして認識されていたことが、単に完成度が高い意見であって、質の高めのワン・オブ・ゼムに過ぎないということが可視化されている時代だと思います。

そういう世界においては、そういう意見の代表とか、そういう考えの代弁者として認識されたり、敬意を持たれたりすることはあっても、雲の上の存在としてカリスマ視されることは難しいのではないでしょうか。

その文章力や突き詰め方において尊敬されることはあったとしても、その人は隔絶された存在ではなく、あくまで地続きの才能であると認識されるでしょうから。本人が俺は特別だと認識するのは勝手ですから勝手にやればいいのですが、全く自分や自分の界隈とは関係のない人たちから同質のものが未完成とはいえ多く見られるというのであれば、それがいつか結実することがあるかもしれないわけで、そういったところで活動している人たちのことを勉強していかなければ、カリスマどころか振り落とされてしまいますよ。

ビバ彦という男

さて、ターザン山本は編集者出身だったわけですが、裏方である編集者から表舞台に自ら立ってカリスマになろうとした人物と言えば、ビバ彦こと相良好彦が思い出されます。相良氏は編集者としては人文科学／サブカルチャーに関する様々な名著の出版に関わってきた編集者で、吉田豪、大西祥平、植地毅といった才能を発掘した人物でもあり、名編集者といっても過言ではないでしょう。

そんな彼がモーニング娘。にはまり、ビバ彦と名乗って掟ポルシェ、宇多丸、コンバットＲＥＣと並んでハロプロ論壇の一角を占めるようになり、また「爆音娘。」というハロプロＤＪイベントを立ち上げたり、ハロオタ界のカリスマ的存在として振る舞うようになりました。

今でこそハロオタと言っても微妙に続いているアイドルブームの中でアイドルオタの中の一角を占める程度の存在ですが、当時は多くのサブカル有名人、サブカル愛好者がハロオタと化し、サブカル界の中でも大きな勢力を持っていました。その中からコンバットRECというのちのサブカル・スターも生まれてきました。

ビバ彦もまたターザン山本のように一人勝ちがしたいタイプであり、実際ある程度上手くやっていたと思います。結局、対談形式の記事で自分の発言を後付けで変更したり付け足したりして自分を良く見せようという姑息な行為、プライベートな場での不快感を煽るような言動、イベントに関わる金銭的な疑惑によって徐々にスポイルされていき、SNS上での身内からのバッシングを契機に、それこそターザンのような形で凋落していくことになったわけですが、彼の場合は活躍していたのが日本で一般にインターネットが普及し始めた時期であり、Twitterのような爆発的な情報拡散能力のあるものはありませんでした。会員制のSNSという守られた場で自賛と周囲の追従によって必要以上に大きく見せることもできたし、2ちゃんねるも結局は閉じられた場なので、スレ内で悪評がたったとしても、相手がよっぽどの有名人であったり、よっぽどの悪事を働いたと認識されるようなポピュラリティのある引火性の強さがなければ、なかなか外の世界に大きく影響を与えることはなかったのです。

それでも、ネットによって直接関わりがなかった人にも悪評が広がっていき、凋落することになったわけですから、紙媒体のみの時期とは変わってきたことがわかります。まあ、今だったら、小さいコミュニティのカリスマ的存在という地位までいくことがないまま潰されていた、もしくはそこまでいくことをせずにＴｗｉｔｔｅｒの有名オタクとして終わったのではないかなと思います。さして、歴史的に重要な事例ではないのですが、典型的な失敗例なので記してみました。

町山智浩という男

編集者出身のサブカル界のカリスマ的存在と言えば、すでにこの本で何回か登場している町山智浩を外すことはできないでしょう。編集者としては、間違いなく日本のサブカルというものの形を作った人間の一人ですし、評論家としても専門である映画評論だけではなく幅広い形で活動をしている一流の人物です。いわゆるサブカルの中に留まらない知名度と影響力を持った現代サブカル界の頂点の一人だと言えるでしょう。

宝島編集部在籍時からスター編集者として表舞台にも顔を出し、広く知られる存在であり、90年代末には既にある種のカリスマ性を備え、現代のサブカル界のカリスマと言える存在といっても過言ではないと思います。

そんな町山氏ではありますが、かつての影響力に陰りが見えてきてるように思えます。２０１６年度の「したまちコメディ映画祭」のプログラムの一つとして行われた「映画秘宝まつり」での出来事がそうです。２０１６年６月に26才の若さで不幸な事故によって急逝した俳優・アントン・イェルチン氏への追悼の意を込めて、彼の日本未公開作品のジャパンプレミア上映を「秘宝まつり」の枠内で行ったのですが、そこで行われたトークショーで、町山さんとゲストの水道橋博士が追悼そっちのけで上杉隆の裏話や下ネタを繰り広げ、映画秘宝ファン以外のアントンを偲んで訪れた観客の怒りを買いました。

一部の秘宝ファンは「あれが秘宝なんだから、文句言う方が悪い」と言う人もいましたが、秘宝ファンの中にも批判的な人も少なくありませんでした。当たり前ですね。普通に考えて、故人を偲ぶ趣旨の会合に出かけて、故人とまったく関係ない人間が壇上に出てきて関係ない噂話をしたり、故人の名前をもじった下ネタを言ったり、おっさん同士でキスをしていたら激怒するのが当たり前です。会場にいた人だけがどうこう言う権利がある事例とは少し離れた問題です。当然、ネット上でも紛糾されたのですが、水道橋博士が一人で責任を被るかのように謝罪をし、町山さんは特に何も触れることはありませんでした。これは単純なプチ炎上事件のようで様々な問題を内包しています。

水道橋博士が追悼の枠を全く考慮せずに無神経だったとか、それを止めないばかりか一緒になって悪ノリをした町山さんに問題があるとか色々ありますが、根本的な問題は内輪でだけ許されるノリを外部に持ち出したことです。

町山さんというのは無邪気な人で、人前で調子に乗りやすいところがあり、今までも多少の舌禍は引き起こしています。ただ、人柄にかわいげがあるのと、今までの業績によって、彼を知る人、彼のファンには多少の子供じみた問題行動があることも「町山さんだから」と許されてきています。壇上の行動単体で考えれば新宿ロフト系列のイベント居酒屋での映画秘宝のイベント、町山さんのイベントの中で行われた出来事だとしたら、特に紛糾することはなかったでしょう。しかし、町山さんに対する共通認識を会場にいる多くの人間が持っていない場所でそれをやってしまったことで事件はおきました。内外の見極めができなくなっている、それが外部でも通ると思ってしまっていることは非常に危険だと思います。

例えるなら、自宅で恋人と幼児言葉で会話している中年男性がいます。恋人だから受け入れてもらえるし、「可愛い……」と積極的な評価を与えてくれることだってあるでしょう。しかし、見ず知らずの女性に対して幼児言葉で話しかける中年男性などは単に気持ち悪く、不快なだけです。通報されるかもしれません。町山さんと水道橋博士がやった行いはこういうことです。世界は恋人ではなく、大抵は見ず知らずの他人なのです。

町山さんは今までは内外の見極めをある程度上手くやってきて、外では知的な部分を前面に出して人々を引きつけ、内側に入ってきたら徐々に無邪気なかわいげのあるバカっぷりを認識してもらい、それを受け入れてもらうようにしていくような活動をしていましたし、なんか紛糾しそうになると、すぐに謝罪する姿勢をとるようにしていました。それが最近できなくなってないでしょうか。

他の章でも触れましたがネット普及後は紙媒体の権威というのはかなり落ちています。以前だったら映画秘宝というツールを使わなければ出会わなかったであろう映画を、秘宝と全く触れることなく楽しんでいる人というのはかなり増えているでしょう。そういった人は町山さんの名前は知っていても、今までの業績で培った「町山力」みたいなものは通じません。町山さんの中で、「こういう映画を好きな人は当然俺のことを知ってる」というような感覚が無意識の内にあるのでしょうが、それは通じなくなっているのです。そういった人たちも町山さんの業績に触れて自然とファンになる可能性もありますが、「追悼イベントで故人と関係なく中年男性同士でディープキスをして悪ふざけをして、それをユーモアであると思っているような評論家」という情報を先に得てしまえば、普通は回避してしまうでしょう。町山さんにそこまで深入りしていない人も、こういった情報で離れてしまうかもしれません。

２０１０年、同じ「したまちコメディ映画祭」の「秘宝まつり」枠で行われた出来事で炎上事件が起こっています。米コメディ映画『ＫＩＣＫ ＡＳＳ』の上映に伴うトークショーで、水道橋博士が製作した「映画評論家の故・水野晴郎氏のゲイ疑惑を追及する」という内容のお笑い映像『ＦＵＣＫ ＡＳＳ』を上映したことから起こった騒動です。「ゲイ差別ではないか」「個人的にはゲイ差別とまではいかないと思うが、不快と思う人は当然いる」「『ＫＩＣＫ ＡＳＳ』が観たくて行ったのに、あんなもの見せられて非常に不快だった」と非難の声があがり、軽い炎上が起こりました。町山さんはすぐに謝罪したものの、博士は「水野先生に対する愛があるから問題ない」という大義名分のもと、Ｔｗｉｔｔｅｒ上で批判してきた人間に対して、からかって晒しあげるような不誠実ともとれる態度をとっていました。

当時のポリティカル・コレクトネスの概念の普及度と、批判者側に、批判の言葉が過剰すぎたり、言葉足らずだった人が多かったこと、町山さんが即謝罪したことから、派手に見えて、実際たいした炎上にはなってはいません。しかし、今回は地味に見えて実は大きな影響が生まれているのではないでしょうか。

あの時は、ポリティカル・コレクトネスの普及は今ほどでなく、批判者も後の「しばき隊」に繋がるような先鋭的な人が多かったため、広がりを見せませんでした。今回、故人イェルチン氏のファンに女性ファンが多かったこともあり、町山さんたちの言動に「秘宝のメイン層の男性ライター・男性読者にファンが多い俳優だったら、あんなことをやらなかったのではないか。女性蔑視の視点があるのでは」という声もあります。

あとで詳しく触れますが、個人的には蔑視とまではいかないが、町山さんが女性を軽視している、無意識に女性の存在を無視しているというのは感じます。多分、これは公の場での発言に対しては正当な批判なのです。現在のポリティカル・コレクトネスの概念の一般的普及に関して、皮肉なことに功績があった一人は間違いなく町山さんです。町山さんが原稿やラジオで欧米の事例をわかりやすく紹介し、解説してきたことで、広い層に普及していきました。欧米型のポリティカル・コレクトネスが正しいかどうかはさておき、町山さんはそれを肯定し普及してきたのだから、この批判は背負う責任がありあます。町山さんにそういうつもりがなかったのだろうというのは個人的には理解できますが。6年間の間にそういう意識のあり方は本当に変わったのです。

６年前の批判者の多くは当時の先鋭的な人間でしたが、今回は本当に普通の人が怒っています。先鋭的なフェミニズム信奉者と捉えることができる人もいますが、メインは普通の人です。ポリティカル・コレクトネス以前に故人と故人のファンに対する非常識な振る舞いがまず怒られているのですから。

先鋭的な人の怒りは一見派手に見えますが広がりは弱いのに対して、平均的な人の怒りは地味ですけど共感性が高いので確実に範囲を拡大していきます。そして、サブカルチャーを好む我々より若い世代、特に女性のポリティカル・コレクトネスに対する感覚は本当に違います。古い世代にとって先鋭的の範疇に入っていたことが普通の感覚として内包されているのです。

町山さんの例を見ていると、色々なことがわかります。内輪ノリで外に出ていって怒られるというのは昔からあることですが、それが当事者だけでなく、さらに外側に情報として流出するようになってしまったこと。外部の声が内側に届きやすくなり、内側の論理に傾いていた人たちも外部の声に目を向けることで、そこから離れる機会が多くなっていること。

町山さんのようにＴｗｉｔｔｅｒ以前からカリスマ的な存在であった人にも、容赦なくそういう流れは押し寄せるわけで、今から出てくる人が大きなカリスマを目指すには難しい時代だと言えます。町山さん自体はカリスマになりたかったわけでもないと思うので、ちゃんと謝れる可愛いおじさんでいて欲しいと思っています。

カリスマぶるには断定口調が大事

カリスマというのは個人が神格化され絶対的価値を持って発言が捉えられる状態だと思っているのですが、今の時代のサブカル界では成立が難しいですよね。色んな周囲の人間の功績を個人の手柄にしようとしてもばれてしまう。

断定口調で定義して自分の発言に説得力を持たせカリスマ性を高めていこうにも広がっていく過程においてＴｗｉｔｔｅｒ上で反論が出てきて、それと議論していかねばならなくなってしまう。断定というのは面白いけど、何かの要素を削ることで成り立っているので必ず穴はあり、評論的エリアだと無効化しやすいので、常勝のカリスマというのは不可能。断定を避けていると、ミスは犯さないし誠実ではあるがポップさに欠け求心力がなくなる。サブカルでカリスマというのは相性悪いんですよ、今の時代。サブカルなんて情報と寝るようなジャンルなんだから、生理的な欲求のように無作為に情報を集めてしまうし、カリスマなんて相手に与える自分の情報を選別しながら与えて初めて成り立つようなものだから、なんでもダダもれの時代じゃ難しいのです。一部のブロガーが目指している蛸壺的なコミュニティ、あれは広がりがないのでカルト感はあっても、カリスマっぽさには欠けますよね。

現代ではどうしても小さなカリスマで終わってしまう。サブカル界で大きくなることは不可能なのでしょうか？　そんなことはないとは思います。

先ほども名前を挙げましたが、現代サブカル界のビッグネームの一人として吉田豪の名前をあげて異論を唱える人はまずいないと思います。吉田豪はカリスマでしょうか？全然違いますね。個人の神格化というのとは全く逆ベクトルのやり方をとってきた人です。吉田豪は常に他人の発言をその人の発言であると世にそのまま伝えます。吉田豪は断定口調で何かを語ることはなく断定口調で発言する何組かの人の意見を並列させて受け手に考えさせます。吉田豪は自分語りをしません。カリスマ的な手法を一切とらずにあそこまで大きくなったのです。豪さんは根底にパンクロックからの影響を受けている人ですから、AMEBIXの「NO GODS NO MASTERS」的な神格化に対するアンチの精神があるのかもしれません。

まあ、かつてのナンシー関が卓越した絶対的な批評眼以外は何も世間に自分のことを晒さなかったことがかえって神格化を招いたように、吉田豪もその卓越した絶対的な選別眼以外何も自分を晒さないことで、近い将来に神格化されないとも限りませんが。

そもそも、カリスマって必要なのでしょうか？　絶対的な権威は必要なのでしょうか？

たとえば、ナンシー関の才能は同時代において突出しており絶対的な存在でした。しかし、私たちはナンシー関を既に知ってしまっています。ナンシー関の生み出したものを踏まえて物事を見るようになっていきます。そこから色んな枝分かれをしていっているのです。たとえ、ナンシー関と全く同じ才能を持つ人物が現れても、そこまで評価されることはないでしょう。他にも、そういう事例はあることと思います。

その人たちの偉業が完全に歴史の中のものにならない限り、同じような人がカリスマになるのは不可能だと思います。逆に、過去のカリスマの域には至らないなりに色んな才能が様々な可能性を模索しながら新しい領域を広げていっている現状は、そう悪くないと思うのですが。

第五章　サブカルと女性

「こじらせ女子」って？

先ほども少し触れましたが、能町みね子、久保ミツロウ、雨宮まみ、峰なゆか、犬山紙子、うしじまいい肉といった人たちを一つのカテゴリーとして考える流れがあります。これに北条かやが加えられている場合もあります。若手女性「サブカル」人、あるいは「こじらせ女子」という括りなのだとは思いますが微妙な括りですよね。第一章でも少し考えてみましたが、もう少し掘り下げてみたいと思います。

確かにみなさん大きな括りでいうとサブカルチャーの範囲内で活動されています。漫画もコラムもコスプレもＡＶもプロレスもサブカルチャーです。じゃあ、逆にサブカルチャーではないものとはいったいなんでしょう？

伝統芸能や古典的な美術や音楽、アカデミックな研究といったハイカルチャーに属するもの。その社会で主流になっているもの、メインカルチャーと呼ばれるもの。その二つが考えられます。細かいことを言うと、多様化が進みメインカルチャーとサブカルチャーの境目がよくわからなくなっているだとか、サブカルチャーを対象としたアカデミックな研究はサブカルチャーの中に含まれるのかどうかとか色々あるのですが、大雑把にいってこんな感じです。伝統的な権威があるものと、誰もが意識しないぐらいに浸透している文化以外のものがサブカルチャーなのです。それでは、世の中のたいていのものが入ってしまいますね。

世の中の人が「サブカル」と口に出す時、そこには「マイナー」「風変わり」「奇をてらっている」といったニュアンスが含まれることが多いです。世間的にマイナーなジャンル、AV、プロレス、コスプレなどと活動の中で関わっている雨宮さんやうしじまさんには「マイナー」が当てはまります。マイナーなジャンルで活動している人です。「風変わり」で考えるならば、経歴が一般的でない能町さんや峰さん、趣味が一般的でない犬山さん（アイドル）、久保さん（サブカル周辺）があてはまります。「奇をてらっている」ということで考えるならば、「大学院生が実地にキャバクラに勤めて、そこでの体験に社会学的考察を加える。」という色物と言われかねない企画でデビューされた北条さんも当てはまりますね。ここに括られた全員の趣味も経歴も手法も、意地悪な人からしたら「それを売りにして奇をてらっている」ということになるのかもしれませんが。

この本の定義するところのサブカル（固定されたジャンルとしてのサブカル、ジャンル・サブカルといえるかもしれません）の面から考えるならば、サブカル趣味を持っているのは雨宮さんとうしじまさんぐらいなのではないでしょうか。久保さんはちょっと違うのです。

第一章を踏まえて考えると、自分のわからないものは何でも「サブカル」と言えばいいと考える人と、「サブカル」の仲間はみんな「サブカル」と考える人間がいて、仕事上で交流のある人たちが含まれる若手女性クリエイターの一群を雑に「サブカル」と括っているだけの話ですよね。「新人類」程度の意味合いしかないのです。

「こじらせ女子」と彼女たちを括る人もいます。雨宮さんの著書『女子をこじらせて』（ポット出版）から生まれた言葉です。北条さんがこの枠に何となく含まれるようになったのはこの本に関する便乗本を出したからで、本来はイケダハヤトやはあちゅうと同じ枠の人だと思うのですがどうでしょうか？　それはさておき「こじらせ女子」というのはどういうものなのでしょう？

雨宮さんの著作をベースに考えてみると、広義にはモテ／非モテの中で自意識をこじらせて女性としての自己評価が低い女性ということなのでしょうが、狭義としては、それに加えて、自分の中にあるフェミニズム的意識と男性に女性として認められたい気持ちの折り合いがつかない、男性優位社会やジェンダー問題に対して不快感や反発する気持ちとそういった価値観にそって男性に求められたいという気持ちの矛盾を解決できない、そういった問題のことだと私は理解しています。

故・二階堂奥歯さんがブログ『八本脚の蝶』で「フェミニストである自分がマゾヒストであることは許されることなのか？　それをどうやって許容すればいいのか？」という主旨の文章を書かれていたのですが、その二階堂さんのテーマに隣接している意識なのではないかと。

そう考えるなら北条さんはまず違いますね。ナルシズムの人だからです。うしじまさんも違いますよね。うしじまさんはうしじまいい肉という独立したジャンルですから。そもそも、なんとなく同じ括りに入っているのは、うしじまさんと峰さんに交流があるからというだけで、「サブカル」ならともかく、「こじらせ女子」は全然違うでしょう。

他の方は広義の意味合いでは「こじらせ女子」に当てはまるでしょうが、そのあり方は、人によってそれぞれ違うでしょうね。男性もそうですが、「全然モテない。」と「好きな人にはモテない。」と「一見モテるんだけど求めていたものは与えられない。」とではかなり違うものですから。それにジェンダーに対する意識の違いを入れていくともっとバラバラになるだろうし、この括りを「こじらせ女子」とするのは雑ですよね。

「こじらせ女子」に対して、みうらじゅんや伊集院光が使っていた「こじらせ」「童貞をこじらせる」というフレーズのパクリだという声が一部でありますが、原点となった『女子をこじらせて』という著作の名称こそ「童貞をこじらせる」というフレーズのオマージュに感じますが、内包している問題は「こじらせ」という同じ言葉を使っていても全然違うものだと思います。童貞をこじらせたような人でも、セックスしたり、彼女ができたりすれば自分に自信がついて何となく変わるものですけど、女子をこじらせてしまったらモテようがどうしようが単純に変わることはあまりないと思うのですよ。社会というものの影がそこに落ちているから。一般的に男性は、こじらせていても童貞を捨てたり、彼女ができたりすれば自分に自信がついて社会にすんなり溶け込んだ気分になりがちなんですけど、女性は彼氏ができようがどうしようが、社会に対する違和感はそれでは解決するわけではないですよね。

『女子をこじらせて』を読んでいくと、「こじらせ」という点では男女関係なく共通するところもあるのですけど、やはり、自分のような男性優位社会で自然と暮らしている男性には感覚的に共有することができない部分はあるんですよね。理解はできても、共感することは難しいというか。そこは、みうらじゅんでも気づいたりできない部分なんですよ。

そもそも、80年代型面白文化人にしてもサブカルにしてもオタクにしても、基本ホモソーシャルだし、ミソジニーの強い世界です。オタクに比べればリベラルな感じのするサブカルだって、非常にリベラルなイメージのある重鎮が「女性が急にマニアックな趣味を持ったら彼氏の影響」とか平気で言ってしまう世界ですものね。

無意識に、「こじらせ」は男性特有のものぐらいに思っていた人は多いのではないでしょうか。今までも女性の側から「こじらせ」的なものを発信していた女性はいるのでしょうが、「ブスのコンプレックス乙」ぐらいの認識でやり過ごされてしまっていたのではないでしょうか。それを女性にもこじらせるという現象はあり、さらに男性にはない要素もあるということを提示できたのは、非常に大きなことだし、新しい概念だといってもいいと思うのです。非モテ／モテといった視点、フェミニズムに立脚した視点など様々な立場から「こじらせ女子」という概念は更新されていくと思いますが、オリジナルの雨宮さんには最低限の敬意が払われるといいなと思います。

しかし、世の中はいい加減な人の方が多いので「『こじらせ女子』？　なんだかめんどくさい女のことだろ。」「めんどくさい女＝こじらせ女子」みたいな、雑なおっさん解釈がまかり通ったりするんですよね。そういえば、「服や化粧に気を使えなくなって、自分の女子力に自信をなくしてこじらせてしまうのが『こじらせ女子』」という内容の「こじらせ女子」の解説をネットで見つけてしまったのですが、おっさんの雑さとは違うタイプの雑さだと驚いてしまいました……。

久保ミツロウ問題

久保ミツロウという人はサブカルなのでしょうか？　私は本書において久保先生が登場するたびにサブカルかどうかについては「微妙」「少し違う」みたいな触れ方をしてきたと思います。前著『日本人の99・9パーセントはバカ』（コアマガジン）でも触れたのですが、私は久保先生をサブカルだとは思っておらず、サブカルの人に人気のある漫画家であると認識しています。久保先生は単なる「ちょっとマイナーなミーハー」なんだと思います。

久保さんの好きなものを少し考えてみます。Ｐｅｒｆｕｍｅ、神聖かまってちゃん、電気グルーヴ、前野健太、Ｅａｓｔｅｒｎ ｙｏｕｔｈ、ＮＵＭＢＥＲ ＧＩＲＬ……。

Perfumeは別として、どれも大メジャーではないけれど凄くマニアックなものでもないですよね。世間一般では知られてないけど、その道では有名みたいな。サブカルにも人気があるようなバンドも入っていますが、サブカルしか聴かないというような面子は入ってませんし。サブカル周辺ではあるんですけど、普通にちょっとマイナーな音楽好きって感じですよね。

あと、『モテキ』に野外ロック・フェス出てきますよね、フェス。フェスって全然サブカルじゃありませんよね。考えてみてください。我らが杉作J太郎がプライベートでフェスに行ってテントでアウトドアとか楽しむと思いますか？　杉作さんがフェスにいくのは『夏の魔物』に出演者としてオファーされた時だけです。だから、フェスは断じてサブカルではないのです。だから、フェスが好きそうな久保先生も断じてサブカルではないのです。

私は『モテキ』の主人公の幸世くんが苦手でして。行いがひどくて感情移入できないとかそういうことではないんですよ。気持ちがわかると思いつつ読んでいくと、急になんか共感できない感じになったり、ちょっと違うなというような行動をとるんですよ。幸世くんは男性キャラなんだけど、実際は久保先生自身の内面が投影されている部分があって、その女性的な部分が男性としての部分と整合感がなくて苦手だったのだと思います。幸世くんはその局面で男性だったらやりそうな最低の振る舞いを一度もやらなかったんですよね。たとえば、小宮山姉に対して、男性なら気持ちもないのに体目当てでズルズル続けてしまったと思うのです。そして、幸世くんのやり方は女性が男性に対してやるやり方だなと。

ネットがよく炎上する東村アキコ

サブカルだと思われがちな女性漫画家に東村アキコがいます。私と一緒にロマンポルシェ。というユニットをやっている掟ポルシェという人がお金に困った時にたまにアシスタントにいってアシスタント料を貰っていたので、サブカルかどうかはわからないけど、東村先生はきっといい人です。

そういう話はおいといて、東村先生の作品は確かにサブカル受けするタイプの漫画ですよね。ギャグの手法もそうですが、サブカルの人が感情移入しやすいキャラを創るのが上手い人だと思います。東村先生自身がわりとそういったタイプのサブカルというか文系女子っぽい人なんだろうなという感じです。

東村先生と言えば、2015年に当時連載を始めたばかりの作品『ヒモザイル』をWEB上で公開したところ、炎上。そのまま連載休止になってしまいました。内容としては、東村先生のところのアシスタントに家事を仕込んで実際に高収入の働く独身女性と結婚させよう、さらには企画に参加したい男性を公募してみようという主旨のセミ実録漫画で、オタク改造講座みたいなノリです。登場するママ友が、自分の子供と遊んでくれている東村先生のアシスタントを指して「私の子にはああなってほしくない。」といった主旨の発言をするのがひどいとか、「こういう漫画に実名で出されて恥ずかしい思いをさせられているアシスタントがかわいそう。無理やり言うことをきかされているのではないか。」と東村先生がパワハラしているのではないかという疑惑とかがネット上に溢れていたのですが、漫画の演出でしかない部分に対してなぜそこまで苦情が来ているのか疑問に思いました。

例えばママ友の非情な発言。確かにアシスタントさんたちに失礼ですが、そういう声が挙がるのは現実にはよくあることです。それをキッカケにヒモザイル計画が始動するのですから、物語を動かすのに必要な発言であったことは間違いありません。あのママ友が実在の人物かどうかもわからないし、演出上登場させた架空の登場人物の可能性すらあります。だいたい、東村先生がそれを発言したわけではないんだから、先生に抗議するのは何だかピントがズレているような気がします。

アシスタントの人たちに対してひどすぎるという件にしても、本人たちがああいった形で漫画に登場することを了承したから作品として発表されているわけです。そこにパワーハラスメントが存在したかどうかは、現場に立ち会ってない第三者がわかるわけないじゃないですか。そのことについて質問するならばわかりますが、パワハラだと決めつけて抗議するのはどうなのでしょう。

ネットで無料だと、そういう本来その作品を読まなくていいような、作品が肌にあわない人までが読んでしまうからトラブルが起こりがちです。紙媒体のみで展開していれば、こんなことにはならなかったのではないでしょうか。ファンがお金を出してまで読みたいから買う紙媒体と、無料で誰でもアクセスできるネットでは作品の質は変わらざるを得ないでしょう。

「主夫とヒモを同一視するとは何事だ」という抗議もあったようです。確かに家事をしている時点で、その人は主夫なのです。東村先生としてはヒモという強い言葉を使うことでインパクトを与えようとしたのでしょうが、それを「主夫はヒモという侮辱と受け取る人が出てくるのはわからないでもありません。転じて「専業主婦はヒモ同然だというのか!」という声が挙がってくるのも。そこは東村先生の明確な計算ミスだとは思います。

ただ、ヒモというのもなかなか難しい職業なんですよ。主夫にはなれても、ヒモにはなれなかった私が言うからには間違いありません。ヒモというものは女性に幸福感を与える代償として生活を保障してもらう一種のサービス業です。そこに生産性のある労働は伴いません。ヒモ個人の人間的かわいさをもって女性を癒やし、幸福感を与えるのがヒモの仕事です。

そういえば、北条かやさんが最近ヒモを飼い出したとおっしゃっているようなので詳細をネットで確認してみたところ、「毎回会うたびに食事をおごり、お小遣いを3000円程度渡している」という話でした……。いや、生活を丸抱えして初めてヒモを飼っていると言えるわけで、そのぐらいの感じだとあまりお金のない男性と付き合っているだけなのではないでしょうか……。

ヒモを養っている女性は客観的に見れば何の役にも立たない粗大ゴミを養って不幸な女性に見えるかもしれませんが、重要なのは本人が幸福と感じるかどうかです。はたから見て経済的、物理的に幸せな生活でも本人が幸福感を感じられなかったらどうしようもないじゃないですか。どんな苦労をしてでも可愛がりたいと思ってしまうヒモと出会えたのなら、その女性は幸せなのです。当然ながら、生半可な魅力では、生産性を伴わずにパートナーに幸福感を与えることはできません。ヒモとは絶対的なアイドル力を持った男性であり、ほんとに選ばれた存在。ヒモの才能がない我々は女性と交際するためには、一生懸命働いたり、家事をしたりして自分に付加価値をつけていかなければならないのです。

あと、家事も才能だから、あのまま連載が続いていても家事をアシスタントさんに仕込むのはなかなか大変だったと思います。ソースは家庭内での私の家事の無能さです。あまりにひどいので、パートにも出てる主夫といった身分なのに家事をやらせてもらえないことすらあります……。

ヒモの話はおいといて、『ヒモザイル』における東村先生最大の失敗は他人にミッションを実行させたことにあるのではないでしょうか。特に漫画とアシスタントという労使の関係がある場合、本当に本人の自主的な意志で参加していたとしても、外部から強要の疑いをかけられる可能性があります。具体的な強要の事実がなかったとしても、仕事を失うのが怖くて断れなかったのではないかとか、同調圧力に耐えられず了承してしまったのではないかとか疑いはいくらでもかけることができます。
たとえ本人の口から強要はなかったという説明があったとしても、それすら強要されているという疑いをかけることができるので、疑ってくる相手に強要の事実がなかったことを証明することは困難でしょう。公募で人が集まってからやればよかったのかもしれませんが、ある程度具体的なものを見せなければ人も来ないだろうし、最初はアシスタントさんに参加してもらうしかなかったのでしょうね。他人に体をはってもらうというのは難しいものです。

その後、『ヒモザイル』の失敗から学んだのかどうかはわかりませんが、東村先生自身が体をはって最先端の美容施術を受けまくる『即席ビジンのつくりかた』という作品を『VOCE』（講談社）というファッション誌で最近まで連載されていました。自分自身で体をはっているならば、強要の疑いをかけられることもないので安心ですね。ただ、東村先生って世間の基準で言えば元から美人じゃないですか。「素材がいいから効果があるように見えるだけ」みたいな苦情がきてないことを祈っています……。

岡田あーみんという事件

そんな東村先生が大好きだった女性ギャグ漫画家といえば岡田あーみんです。高校在学中の83年に『お父さんは心配症』で『りぼん』（集英社）でデビュー、『ちびまる子ちゃん』のさくらももこと並んでりぼんの二大ギャグ漫画家と称されました。『お父さんは心配症』と『ちびまる子ちゃん』のコラボ作品も存在します。当時のりぼん編集部がつけたキャッチフレーズは「少女漫画界に咲くドクダミの花」。そんなあーみん先生の作風は当時の少女漫画の主流を大きく外れたドタバタギャグ漫画。

『お父さんは心配症』と同時期に人気を博していた『ちびまる子ちゃん』が読者の共感を誘うようなあるあるネタを中心に、昭和40年代後半の出来事や芸能を配置した当時としてもちょっと懐かしい感じのノスタルジックなムードのほのぼのコメディ（よく読むと皮肉っぽい意地悪な感じが随所に現れていて、そんなにほのぼのでもない。）であったのに対して、エキセントリックなキャラクターがひたすらパワフルに大暴れするナンセンスなギャグ漫画でした。

『お父さんは心配症』の主人公は佐々木光太郎、通称パピィ。40代のおっさんです。この時点で少女漫画としては随分おかしなことになっています。佐々木家は父子家庭であり、男手一つで娘・典子を育てあげたパピィは典子を溺愛。典子に対してオブセッシブな愛情を発揮し、典子のボーイフレンド北野くんに対して非常な敵対心を持って、ひどい仕打ちを働きます。たまに典子のピンチに北野くんと手を結んで共闘する時もあり、心が通じ合ったように見えても、最終的に北野くんを拒絶し、またしてもひどい仕打ちを働きます。典子はエキセントリックなパピィの行動に悩まされ、疎ましく思う時もあるのですが、基本的にはパピィのことを愛しています。最初はパピィだけがエキセントリックな人物だったのですが、回を重ねるごとに、爽やかなスポーツ少年だった北野くんがなんだか気持ち悪い人になってきたり、典子以外の作中キャラクターはみんな異常者ぐらいの勢いになってました。

内容も異質ですが、絵柄も相当異質でした。一言で言えばヘタウマ系。全体的に書き込みやトーンの少ない白っぽい絵柄で、なんか画面がとっちらかっている印象。少女漫画としては異質というだけでなく、少女漫画誌に掲載されるような下手くそな感じのギャグ漫画の絵ともまた違った傾向の汚いけど上品な独特の絵柄です。

私は妹が『りぼん』購読者だったことで、あーみん先生を知ったわけですが、似たような経緯であーみん先生を知って愛読者になった男性も多いと思います。そう、あーみん先生には男性読者も多かったのです。

『マカロニほうれん荘』から端を発した70年代後期から80年代初頭の週刊少年チャンピオンのギャグ漫画、そのテイストに近いといえば近いのですが、めちゃくちゃなのにどこか上品で独自性が高いです。90年代前半に連載された『ルナティック雑技団』では多少絵も上手くなり、少女漫画のパロディ要素を大幅に取り入れわかりやすくなった……わけでもなく、かえって加速していたかもしれません。

そういった作風のあーみん先生でしたが、いつのまにか漫画界から姿を消しました。なぜかということについては色々な噂がありますが、はっきりしたことはわかりません。精力的に活動していた時期は12、3年ぐらいのものでしょう。あーみん先生の作品はサブカル親和性の高いものであり、私と同世代から少し下の世代にかけてのサブカルの人には好きな人も多いだろうし、東村先生のようにあーみん先生から影響を受けたサブカル寄りのクリエイターも多いことでしょう。幻の漫画的に扱われることの多いあーみん先生ですが、ある年代の人間にとっては影響力の強かった漫画家だと思います。

『りぼん』の二大ギャグ漫画家として並び称せられたさくらももこは、花輪や丸尾、みぎわといった『ガロ』を舞台に活動していた漫画家の名字を持つキャラクターを登場させていたり、後に大量に出版されるエッセイのたぐいのテイストもサブカル色の濃いものでした。『ちびまる子ちゃん』以降に描かれた作品ではシュールな雰囲気やギャグのテイストを用いながら、人間のいやな心理をとりあげたような漫画が多いです。

あーみん先生は一貫してパワーとスピードと変な言語感覚に溢れたカオティックな世界を描いていました。作品としてのテイストで言ったらサブカル的求心力が強いのはあーみん先生の方です。さくら先生の作品はサブカル志向は感じられますし、ご本人がそれを意識して描かれていたと思われる作品もありますが、基本的には大衆的な作家で、オブラートに包んだり、他のもので薄めたりして、口あたりのよい形で提示する人。サブカルの人が好みやすい、奇妙さ、過剰さをそのまま提示するあーみん先生の求心力の方がどうしても強くなります。

ただ、どちらがサブカルの人かと言えば、さくら先生の方がサブカルの人ですよね。サブカルというのは圧倒的な異端にあこがれ、それを消費するのだけど、自分自身は決してその領域に踏み込めない存在なのだから。そして、あーみん先生はサブカルが愛してやまない本当の異端でありました。

大塚さんのこと

サブカル女子とか、こじらせ女子といったことを考える時に、私は大学時代に軽音サークルで一緒だった大塚幸代さんという人のことを思い出します。のちに『Ｑｕｉｃｋ Ｊａｐａｎ』の編集者やライターとしての活動が知られるようになる大塚さんですが、学生時代の彼女は全身から生きづらそうな雰囲気を発散している偏屈でお洒落な女性でした。その軽音サークルは「バンドをやってる男子とそれを取り巻いてキャッキャ言ってる女子」みたいな構造が主流になっていて、単に音楽が好きで入ってきた大塚さんは居心地があまりよくなかったような気がします。そういう場に溶け込まない雰囲気と、理詰めでハッキリものを言うところからか、男性の先輩からは「気取ってる」「生意気」といった言われ方をよくされていましたが、実際の彼女は自分の出し方が不器用というだけで、どちらかと言えば、すっとんきょうでマヌケな人でした。

興味の範疇が重なりがちな彼女と私はぶつかり気味で、論争気味の会話をよくしていたのを思い出します。周りは私が彼女を嫌っていると思っていたようですが、私はそんなことを全然思っていなかったので意外でした。ただ、彼女の自己主張の強さと裏腹の、自己評価の低さは凄く気になっていたことを思い出します。

大学卒業後（私は中退ですが）、直接的な接点はなくなり、大塚さんの書いた記事を読んでは「相変わらず生きづらそうだなあ……」と思っていました。大学時代の初恋を振り返った文章を読んだ時、彼女たちの様子を横目で眺めながら「あのような、ちょっと顔がいい、小賢しく小器用なだけの才能のない男に、はるかに優れた才能のある大塚さんがいいように利用されているのは悲しい話だ。」と考えていたことを思い出して、なんだか複雑な気分になったのを思い出します。

結局、再会することのないまま、大塚さんは亡くなってしまいました。彼女の追悼の会に参加した時、生前の彼女がよく私の学生時代の話を好意的に語ってくれていたという話を大塚さんと近しい方から聞きました。私は、彼女がそういう風に私のことを思い出してくれているなんてことを予想だにしておらず、本当に意外でした。

サブカル女子とかこじらせ女子とかといったことを考える時、私は大塚さんを思い出します。そして、その姿は、あの頃の偏屈で少しすっとんきょうで生きづらそうな大塚さんのままなのです。

第六章　サブカルおじさんの害

——町山智浩をサンプルに考える——

サブカルおじさんを慕う薄ら寒い人々

最近、サブカルおじさんの害について考える機会が多いです。業界内に君臨するサブカルおじさんのことであることも、市井に生息する一般のサブカルおじさんのことであることもありますが、どっちにしろ害があるということには変わりありません。この章では私が感じているサブカルおじさんの害とは何かということ、そして私を含むサブカルおじさんの身の振り方について考えていきたいと思います。

男性サブカル有名人の顔を少し思い出してください。ほとんどがおじさんであることに気づくことと思います。星野源のようなミュージシャンの顔が入ってきている場合もあると思いますが、そういった人を除いた評論家やライターといった面子のほとんどがおじさんです。そして、それぞれの世間的知名度の変化があったり、いなくなった顔などもありますが、基本的に15年ぐらいは顔ぶれは変わっていないのです。そして力関係なども変わっていないのだと思われます。町山さんは20年ぐらいあんな感じでしたし、町山さん自体の世間的な知名度はどんどん上がっていきましたが、特に後進に道を譲るわけでもなく、相変わらずイタズラ小僧のままです。

16年の「したまちコメディ映画祭」で町山さんがやらかした騒ぎ、個人的には本当にがっかりしました。やらかした内容の悪い意味でのバカバカしさ。そしてその後の対応。それ以外にも、ここ数年の町山さんに関しては「何だかな？」と首を捻るようなところを見る機会が多くなっているのです。

私は前著にあたる『日本人の99・9％はバカ』の中で、町山さんが11年に主催した「原発推進都知事の花見自粛令に逆らって花見して今こそRCのサマータイムブルースを歌う会」という新宿中央公園で行われた花見イベントについて触れています。私は「90年代型サブカルはこの時に死んだ。」といった内容のことを、その中で書いているのですが、今でもその思いは変わりません。そこを踏まえて、この本での現代のサブカルの定義を考えていったわけです。このイベントに嬉々として参加した人たちのことを私がどう感じたかに関しては前著で書いているので、あえて触れるようなことはしませんが、参加した奴も参加した奴ですが、主催した町山さんも町山さんだと今改めて思うのです。こんな恥ずかしい名前のイベントをよくやりますよね。

いや、本当に良くないのは、町山さんのこのイベントを「寒い」とか「恥ずかしい」とか人前で発言しなかったサブカルの人間です。勘違いする人がいるといけないので、言っときますけど私は原発に関しては撤廃した方がいいと思っている人間です。そこを寒いとか言っているわけではありません。そういうことを掲げながら、大人数を集めて花見をして、みんなで同じ歌を歌って盛り上がるのが寒い行為だと言いたいのです。自分たちなりのやり方で抗議をしたとか言っても、こんなのただの自己満足でしかないし、「やってやった」みたいな顔をするのはダサいという話です。デモに効果があるかというのは人によって考えは違うでしょうが、少なくとも参加している人間は社会に働きかけようとしています。この花見をやって、なんらかの働きかけになると思っていた人間なんて、参加した人間の中にもいないでしょう。正味の話、町山さんという有名人を囲んで花見をしてワイワイしたかっただけですよ。いや、お祭り騒ぎが悪いわけではないのです。花見をやって盛り上がりたいのなら、普通に花見をやればいいのであって、そこに主張めいた何かをのっけるのがよくないのです。当時の自粛ムードの中で花見をやるということ自体には意義はあったとは思いますが、それは純粋に遊びとしてやるべきだったのではないでしょうか。

いや、わかるんですよ。町山さんという人は非常に知的な部分と天真爛漫な部分が同居している人物で、その子供っぽい部分がたびたび暴走してしまうのだけど、基本的には愛すべき人物だということは。だから、周りの人は文句も言いにくいということも。私も町山さんの無邪気なところは好きなんです。器の大きな人でもあります。実際、町山さんに対する批判的な内容もある前著に対しても好意的な評価をしてくれました。ちゃんと話したことは一度ぐらいしかないのですが、非常に良い対応もしていただきました。本当に良い方です。嫌いにはなれません。だからこそ、町山さんがダサいと困るのです。私も町山さんに対する文句なんて言いたくないんですよ。でも、気になったら言ってしまう性格なんです。書いた後に「ちょっと言い過ぎてしまったかな……。」と申し訳ない気持ちも浮かんでくるのですが、気になったことを言わないとストレスになるじゃないですか。でも、言った後に申し訳ない気持ちになるのもストレスになるんですよ。町山さんが人にこういうのを言わせるようなことをするのが悪いのです。あー……。

中年の悪ふざけは痛々しい

そういうわけで、町山さんの気になった言動を書いてスッキリしていきたいと思います。

町山さんはサブカル界のスターです。本人にそう言ったら笑って否定すると思いますが、客観的に見て、知名度の高い人気者だから、そう思われるのは仕方がないことです。町山さんのそういう自覚のなさが良くないと思うのですよ。たとえば若手とイベントで共演すると、間違いなく町山さんが場をさらっていきます。まあ、町山さんの話術は面白いから仕方ないのかもしれません。

その上、生来の目立ちたがり屋で、人前だとはしゃいじゃうところのある人なので、いったんはしゃぎだすと歯止めが利かないところがあります。そうなってしまうと、一緒にいる人は止めたくても止めようがなくて、どうしようもなくなってしまいます。

町山さんと食い合わせが悪いのが水道橋博士です。「あんなに仲の良い二人なのに、なんで?」と思われる方もいらっしゃるでしょう。そこが問題なのです。博士と会うと町山さんは暴走しがちなのです。Twitter上でも二人がやたらいちゃいちゃしている様子はうかがうことができます。お二人の仲が良いというのは別に悪いことではありません。でも、「俺たちホモ関係!」みたいなことを公衆の面前に書いてしまうような悪ノリはどうなのかと思います。

まず、町山さんや博士にゲイ差別の意図がないことは理解しています。ですが、ホモ、ホモ言うのはどうなんでしょう。一般社会においては「ホモ」という俗語を使っている人は未だに多いです。多くの人にとっては、当たり前に使用する言葉です。ただ、今どきプロの文筆業の世界で「ホモ」という言葉を使う人はあまりいません。なぜなら、現在では「ホモ」というのは差別用語だとみなされているからです。博士は芸能人であって本職の物書きではないですし、年齢的にも「ホモ」と言う言葉を使ってしまうのはわからないでもありません。でも、町山さんは違います。町山さんはプロの物書きです。

アメリカの「ＬＧＢＴ」関連の差別問題を多く日本に紹介してきた人でもあります。そういう人が人前で「ホモ」という言葉を使って一緒になってはしゃぐのはどうかと思います。言葉狩りとかそういう話じゃなくて、自分のやってきたことを考えると筋が通らないという話です。

前の章でも書きましたが、おじさん同士がふざけていちゃいちゃしているのを誰が来るかわからないような場でやるのは愚かな行為です。ゲイではない男性同士がいちゃいちゃするのが悪いと言っているわけではありません。自分と親しい人同士がいちゃいちゃしている様子を微笑ましく見ることはありますし、映画やドラマ、あるいはライブの場といったところで、俳優、アイドルといった人たちが同性同士でいちゃいちゃしているのを見て、何だかドキドキしたりすることもあります。

でも、それを受け入れるのは基本的に対象に対して好意がなければ無理という話なんですよ。自分も属している仲良しグループの中の人とか、自分がファンであるところの芸能人、有無を言わせぬぐらいルックスから出る魅力を持っている人たちがやっているのでなければ、基本的に不快なものです。町山さんと博士を知らない人がその様子を見たら単におっさんのキモい悪ふざけを見せつけられているだけなのですから。

博士は町山さんをのらせるのが凄く上手いのだと思います。町山さんは博士と遊ぶのが本当に楽しいのでしょう。それは別にいいんですよ。「したまちコメディ映画祭」の件は、その場の前提を全く理解してなかった博士に一番の原因はありますが、その場の前提を理解しているはずなのに博士を唯一止められる立場にあるのにそれをせずに一緒になってはしゃいでしまった町山さんに一番の責任があります。

なんで、場の責任を放棄してしまうのか。あの場があいう前提がなく、故人に対する冒涜だという話にならなかったとしても、二人の悪ふざけを楽しみにしている人たちだけではないのだから、苦情は絶対に出ますよ。だって、映画を見に行ったら、トークショーがやっていて映画に関する興味深い話をしていたら、知らないおっさんが悪ふざけをはじめてブチ壊しにしたということなんだから。

トークショーで前に出られないというのは、前に出られない奴、面白い話ができない奴に基本的に責任があります。しかし、町山さんがらみの件はそういう人に責任があるというより、町山さんが自分の立場に無自覚なことに原因があると思います。後進に道を譲りたいという発言をしているのだったら、暴走するのやめたらいいじゃないですか。だいたい、秘宝といえば町山さんのイメージがありますが、実際秘宝の象徴的存在ではあっても、秘宝の編集をしているわけではないじゃないですか。自分から望まなくても、映画秘宝の名前を謳ったイベントに町山さんがブッキングされちゃうから仕方ないのはわかります。呼ぶ方にしてみたら、数字を持っている町山さんを呼びたいのも理解できます。でも、部外者の自分が言うのは色んなところで反感を買うのはわかっているし、反感とか買いたくないんだけど、外から見ると町山さんの存在が邪魔になっているように見えるのです。

町山さんに何の悪気もないのはわかるんです。わかるんですけど、中学生が小学校の砂場にやってきて一番大きな砂の城をつくって無邪気に大喜びしているようなもんなんです。知名度の高い人間と、知名度がそれほどまでない人間が共演するなら、知名度が高い人の方が何をやらなくても会場の支持を集めてしまうので、知名度の低い方はグイグイ前に出て行かなきゃいけないのですが、知名度の高い人がグイグイ前に出てたら、出て行く場所なんかないじゃないですか。自覚的に若手に対抗意識を燃やして前に出てるんだったらまだいいですよ。そういうベテランのエグみがあるなら。

「女のマニアックな趣味は男の影響」という考え

でも、町山さんは無邪気に前に出ちゃってるだけだと思うんですよね。大人なんだから、少しは落ち着けと言いたいです。町山さんはアメリカにおけるフェミニズムに関連した問題に関する深い見解を示した文章も発表している人ですが、同時に、何故か女性の神経を逆撫でするような発言をTwitter上でしがちな人でもあるのです。頭では理解できていても、全然身についてないといいますか。

わかりやすい例をあげます。13年に当時AKB48のメンバーだった北原里英（現・NGT48）の自室に『映画秘宝』が置いてある様子がTV番組で放送され、そのことに触れたツイートに対して、町山さんが「女の子が急にマニアックなこと言い出したらたいてい男の影響」というコメントを付けたことがあります。このことで軽い炎上が起こりました。「女性のマニアックな趣味は自分から見つけたものではない。たいていは男からの影響である。」という風に受け取った人が多く、「女性をバカにしている」と解釈されたのです。町山さんのツイートには「急に」という一言がついているし、全てのマニアックな趣味を持つ女性を指したわけではなく、「今までマニアックな趣味を持っていなかった女性」についてのケースにだけ触れているように解釈できるので、この発言に反応している人たちの方が少し過敏ではないかのように思えます。ただし、このツイートについてだけ見たのであれば、問題のツイートの直後の町山さんの発言を読んでみると、微妙な気分に襲われてしまいます。

「『ゴルゴ13』を好きな女性はいない」
「三条友美の作品や『どくだみ荘』を好む女性はいない」

こういった内容のツイートです。これらの発言の方が問題になった発言よりも明らかにマズくないですか?「マニアックな趣味を持っている女性といえども、これらの作品を好むことはない。」と言っているようなものだからです。問題の発言よりも女性蔑視として解釈できる要素がはるかに強いからです。確かに、これらの作品を好む女性はあまり多くないかもしれません。

しかし、どの作品についても、女性ファンに実際に会ったことがあります。いないと言い切るのは、さすがに有り得ない話です。町山さんも軽口ぐらいのつもりで発言したのでしょうが、いくらなんでも筋が悪すぎます。問題のツイートが炎上した原因の一つとして、これらの発言によって悪印象が高まったことがあるのではないかと思ってしまいます。

炎上後、町山さんはひたすら謝罪と弁明をし続けます。これには素直に頭が下がります。なかなかできることではありません。「したまちコメディ映画祭」の騒動があった時に期待していたのは、こういう町山さんでした。あと、「影響されて変わって、を繰り返していくのはいいことのつもりで言ったのに」という発言にはびっくり。どう考えても、元の発言にそんな要素はなかったでしょう。多分、町山さんの冗談だったとは思うのですが、謝罪の真っ只中で冗談を言うのはいかがなものでしょう。余計に怒られる可能性があるのでは。大人なんだから我慢してほしいです。万が一、本気の弁明として言っていたら、驚きすぎて死んじゃうかもしれませんが。

しかし、一番の問題は北原里英さんが「急にマニアックな趣味になった女の子」だと町山さんが決めつけたことにあると思います。

町山さんは何を根拠にきたりえがそういう人物であると決めつけたのでしょう？　誰かそういう事実を知っていたのでしょうか？　そういう話が公表されていたという事実はありません。芸能人の公開されていないプライベートの情報を知っているのは身内かストーカーだと相場が決まっています。ストーカーは犯罪です。この話題をＴｗｉｔｔｅｒ上でしていた人の中にきたりえに対してストーカー行為を働いていた人物でも混じっていたのでしょうか？　さすがに、それは有り得ないでしょう。

きたりえは『映画秘宝』の誌面に登場したことがあったので、その関係で彼女の自室に秘宝があったのではないかという話が出ていました。彼女の自室にあった『映画秘宝』が彼女が登場した記事が掲載されていた号とは違う号だという情報もあり、誌面に登場したのをきっかけに読者になったのではないか？　という説も流れました。しかし、それらはあくまで仮説に過ぎません。この時にわかっていた彼女についての情報で、この件について関係しそうなものは「漫画とアニメと映画が好き。好きな映画監督は園子温」というものです。彼女が秘宝読者かどうかはわかりませんが、園子温監督が好きならマニアックな趣味を持っているといっても大丈夫でしょう。ただ、どういう過程で好きになったのかはわかりません。自然とたどり着いたのかもしれないし、誰かに教えてもらったのかもしれない。

町山さんはきたりえがどういう人物か全く知らなかったのにも関わらず、アイドルというだけで「今までそういう趣味がなかったのに、急にマニアックになった女の子」だと決めつけました。それは職業差別ですし、「男受けのいい女の子にマニアックな趣味があった場合、それは彼氏によって教えられた場合が多い」というストーリーを勝手に押し付けているのです。きたりえが彼氏の影響でマニアックな趣味になったのが事実かどうかは実はたいした問題ではありません。なんの確証もないのに、ごく自然にそういうカテゴリーの中に押し込めたのが一番の問題なんです。

犬山紙子さんが「偏見からくる根も葉もない誹謗中傷に苦しめられた」という内容のツイートを最近されていたのですが、誹謗中傷の一つというのが「昔からハロプロのアイドルが好きだったのに、旦那の劔樹人の影響で急に好きになったのだろうと勝手に決めつけられて誹謗された。」というものでした。「男受けのよさそうな女の子が急に女性アイドルを好きになったら彼氏の影響」という偏見に苦しめられたというのです。そして、これは町山さんがきたりえに対して向けた偏見と同じタイプのものです。そういう安易な推測が女性を苦しめることもあるのです。町山さんに悪気がないのはよくわかるのですが、基本的に女性に対して無神経ですし、自分が普段原稿に書いていることを思い出して、もう少し気をつけた方がいいと思うのです。

サブカルの業界は基本的に世代間抗争がないまま来たので、目立った対立がない代わりに上の世代に対して異を唱えにくい感じになっているのかも知れません。どんなに大好きで優しいお兄ちゃんであったとしても「町山兄ちゃんはもう中学生なんだから、僕たちの砂場から出て行け！」と今までに言っておかなければならなかったのかもしれません。

町山さんに代表させてしまったサブカルおじさんの問題。その一つが、いい年こいても大人にならないことです。反骨心旺盛で、ふざけるのが大好き。お祭りも大好き。自分が楽しいことが優先で、率先して遊びはじめてしまう。それは悪いことではないのですが、望んでいなくても年をとれば権威になってしまい、自分自身に対する責任とは別に他人に対する責任が生じてくるものです。

いつまでも子供でいたいサブカルおじさんは自分の権威化に無自覚で、結果的に自分より若い世代に大人の役割を押し付けてしまうことになりがちです。知らないうちに、下の世代に我慢させているのです。

子供のままでいたがるおじさんたち

いくら、子供のままでいるといっても、実際にはおじさんです。世間の動きを皮膚感覚でつかめなくなるし、プライドも高くなり素直に謝れなくもなる。感情も高ぶりやすくなり、ささいなことで必要以上に怒りだす。自分の経験だけで安易に物事を決めつけすぎる。年と共におじさんならではの問題が加わってきます。

書いていて、自分にも当てはまる要素が多くてお腹が痛くなってきます。自分のような、あまり世間に知られていないような人間ですら、若い頃よりは発言や行動に対する責任は重くなっています。権威化をどんなに避けようとしたところで、年をとれば前よりは立場を重く見られるようになるのです。私に当てはまらないのは「感情が高ぶりやすくなり、ささいなことで必要以上に怒りだす」というところぐらいです。若い頃から、私は感情が高ぶりやすく、些細なことで必要以上に怒りだす人間だったので、加齢によって劣化したわけではないですから。

最近の私は諸星大二郎の『子供の王国』という漫画の台詞をよく思い出します。「きさまたちは子供でも童心にかえったおとなでもない！　ただの狂人だ！」という台詞です。いつまでも子供でいようとしているサブカルおじさん。『子供の王国』に出てくる、薬物によって無理やり成長をとめて遊び呆ける大人たちのような存在になりかねません。いつまでも変わらないように思えていた上の世代の人たちが確実に老化していき色々と新しい問題を起こしているように見えます。それを見ていると、自分もああなるのが恐ろしいと思うのです。

子供のイヤな部分とおじさんのイヤな部分を合わせもつ存在とかキモすぎませんか？　それを回避するには、ほんのわずか子供の自由を手放し、ほんのわずか大人の役得を手放せばいいのだとも思うのですが、それができなければ下の世代を振り回すだけ振り回して、あがりは全部もっていくような人間になってしまうのでしょう。それでは、後に続く人間に何も残せないのではないでしょうか。

そんなことを言ってる自分が社会的責任を負わないまま生きてきた一番子供だということもわかってます。こんなの、結局は無責任な発言なんですよね。ひょっとすると『子供の王国』の主人公のように、他のサブカルおじさんたちが大人になっているのに、一人取り残され大人になれずに逆行してしまうことになってしまうかもしれませんね。でも、私はサブカルおじさんは少し引いた方がいい、少し引くことを考えながら年をとっていった方がいいということを言っておきたいのです。

第七章　なぜサブカルは自分はオタクだと言いたがるのか

水道橋博士のケース

他人にサブカルと認定された人が「自分はサブカルでない」という主張をする光景は、世間でそこそこ見受けることができます。この本でも何度か例を挙げてきたように、認定する側のサブカル認識がおかしくて、どう考えてもサブカルではないだろうという場合も多く存在します。

そういえば、今まで触れてなかった例としては水道橋博士のケースがあります。本業の漫才のネタや、博士の書く文章がサブカル層に人気があるのに加えて、町山智浩や吉田豪といったサブカル有名人と交流があったり、自らが編集長を勤めるブログマガジンの執筆陣にサブカルっぽい人が多かったりすることで、サブカル芸人として認識されている場合も多いですよね。

博士本人は自分はサブカルではないと言っていますし、実際その通りではないかと思います。お笑いというジャンルは元々サブカル受けがよいジャンルであり、博士の好きなプロレス／格闘技というのもサブカル受けのよいジャンルですが、仕事の中で、自分から他の現代的なサブカル趣味を打ち出してくることはないからです。かつての宝島社

（ＪＩＣＣ出版局時代かも）の刊行物には思い入れがあるといった発言も残っていることから、サブカルチャーには思い入れの強い人だとは思いますが、サブカル層に高い支持を受けている芸人さんというところでいいのではないでしょうか。

今まで挙げていたような他の「本当はサブカルではない人たち」と博士の違いは、博士は意図的にサブカル層をターゲットにした仕事もしていることです。町山さんや吉田さんのようなサブカル人が主催するイベントに出演したり、ネット上で彼らとの交流を積極的にアピールする行為は、サブカル層をターゲットにした活動をしていると思ってもかまわないでしょう。べつに博士は、サブカル層だけをターゲットにしているわけではなくて、色々な方向性の仕事をすることで様々な層を取り込んでいこうという活動の一つでしかないのですが、最近の博士の活動で目立っているのがサブカル寄りのものが多いので、どうしてもサブカルイメージが強くなります。

博士のように、積極的にサブカル相手の活動をしている人が「私はサブカルではありません。」と言うこと。それが単なる事実の表明であったとしても、それを「私は勉強が足りず、知識が浅いのでサブカルとは名乗る資格はありません。」という謙虚さの表れだと受け取る人（どこまでサブカルが偉いと勘違いしているのかと思いますが。）がいる一方で、「自身がサブカルであるということを否定するのは、サブカルであることの責任を回避しているのではないか。それはサブカルを普段は利用しているのに、ズルいような気がする。」という人もいるわけで、なんか大変そうですよね。

全然関係ないですけど、水道橋博士という名前の博士という部分には、敬称っぽいニュアンスが含まれているので、「博士さん」と「さん」をつけてしまうと字面的に逆にバカにしてるように見えるし、敬称を付けずに「博士」とだけ書くとなんか呼び捨てしてるみたいで落ち着かない気分になってしまいます。「水道橋さん」と書けば書いたで、ビートたけしのことを「ビートくん」と言っていた偉い人みたいな、ズレてるおじさん感がでてしまうような気がしてしまいます。うーん、悪意がある人は「水道橋」と名字部分を呼び捨てにしてるような気がするのでそれ以外だったら大丈夫なような気はしますが、直接交流があったりするわけではないが周囲の人間がお世話になっていたりする私ぐらいの距離感の人間にとってちょうどよい感じの水道橋博士の呼び名はなんかないものでしょうか？　困ってます。とはいえ、書かねばならないので、他の人たちなら「水道橋さん」とするところを、とりあえず「博士」と書きますが、敬称は含まれていると思ってください。

プロト・サブカルなら仕方がない

サブカルではない人がサブカルという呼称を拒絶している例もある一方で、客観的に見てサブカルだと言われても仕方ないような人が「私はサブカルではありません」という主張をしている場合もあります。何故、サブカルと思われても仕方がないような立場の人がサブカルと呼ばれることを拒絶するような事態が生まれるのでしょうか？　そこにはどのような原因が隠されているのでしょう。少し、考えていきたいと思います。

まず考えられるのは、サブカルというものが成立する以前から活動していたので「別に自分はそういうジャンルを目指してなかったし、そんなものと自分は無関係である。なんでそこに自分が分類されなければならないのか意味がわからない」みたいなことを思っている人の存在ですね。町山さんが「私はサブカルではありません」と言う場合、そういうニュアンスが含まれています。

町山さん以外にも、50代半ば以上のサブカルチャー愛好家で現代のサブカルの指す領域に趣味の範囲がかぶってしまったことで、サブカルと呼ばれることになってしまった人の中には、こういった感情を持ってしまう人もいるでしょう。サブカルになることを目指していたのではなくて、サブカルというジャンルを作ったと言ってもいいような世代の人たちです。こういった人たちが自分がサブカルと呼ばれることに違和感を覚えて、否定したくなるのは仕方のないことかなと思います。

こういったプロト・サブカルの世代の影響からサブカル的な人間になったが、サブカルというジャンル名が成立してなかったぐらいの時代にサブカル的な活動を始めている世代の中には、似たような違和感を持つ人もいるでしょう。

私のやっているロマンポルシェ。というユニットはNEW WAVEという音楽をやっていたのですが、90年代の一時期、70年代末期から80年代にかけてのオリジナルNEW WAVEに音楽的な影響を受けて活発に活動しているバンドの一群による「NEW WAVE OF NEW WAVE」（以下NWONW）という名で呼ばれるNEW WAVEルネッサンス的なムーブメントがインディーズシーンの一部で盛り上がったことがあります。ロマンポルシェ。も、ごくごくたまにその中のバンドだと認識されることがあったのですが、それに私は猛烈な違和感を感じていました。

NWONWに参加しているバンドが目指しているNEW WAVEの範囲が、私たちがNEW WAVEであると認識している音楽の傾向とズレがあったというのもあります。また、活動の中でそういったバンドたちと直接的な接点が全くに近いぐらいなかったこともあります。彼らに対してシンパシーも仲間意識もほとんど感じていなかったのです。まあ、基本的には私たちをその括りに入れて認識している人はあまりなかったので良かったです。まあ、なんか違ってたんでしょう。

しかし、NWONWというのは局地的なムーブメントとして短期間に終わったから良かったのですが、あのままムーブメントが大きいものに成長していたら、ロマンポルシェ。も自然とＮＷＯＮＷのバンドと見なされる機会が増えていたであろうことは、容易く想像できます。そして、「私はＮＷＯＮＷではありません」とか言っているのではないでしょうか。それと似た感じで、今で言う意味でのサブカルという名前がない時期に、先人に憧れてそれを目指した結果、サブカルというジャンルに属することになった人の中に「なんか違う」と思う人が出てきても不思議ではないのです。

「なんだか、めんどくさい人だな。そんなのどっちだっていいじゃないか。」と思う人もいるでしょう。世間的にはそれが圧倒的に正しいです。みうらじゅんさんのように細かい差異にこだわったりせずにサブカルを名乗ることができる人の方が商業的に成功しているわけですし、それが大人のあり方なのですが、サブカルになるような人は内向的でこだわりが強い人が多いので、そういうどうでもいいとこにこだわってしまいがちなのです。それはそれで仕方のないことだと私は思います。

どうしてサブカルは自分がオタクだと言いたがるのか

自身をサブカルであることを認めたくない要因として考えられるのは、「その人自身の中でサブカルという言葉に対する悪いイメージが強い」ということですね。「中森明夫がサブカルというならば、俺はサブカルとか言われたくない！　あいつと一緒になるなんてイヤだ！」と思ってしまうのは人間としては自然な反応です……って、別に中森明夫が全ての原因というわけではないですよね。まあ、中森明夫に原因はなかったとしても、サブカルという言葉に対する悪いイメージは色々とあります。というか、この本でも散々書いてきました。代表的なものを思い出してみましょう。「悪い意味でミーハー」「対象に愛情がない」「スノッブ」「モテるためにやっている」といったところが出てきます。

少し考えてみればわかるのですが、こういうイメージは、サブカルの中に入ろうとして入った内部の人間から出てくるものではないですよね。内部の人間がそういう問題のある人物の存在に気づいた場合、「あいつは問題のある人間だ。」と思うだけで、そのジャンル自体に問題があるという風に考えたりすることはなかなかないですよね。

　まあ、そのジャンルに同一の傾向の問題を抱える人物があまりにも多いと感じたとしたら、そのジャンル自体の問題だと考え、新しい呼び名を作って旗揚げしちゃうかもしれませんが、そこまでのことってめったにありませんからね。ジャンル自体に悪いイメージを持っているのはたいてい外部の人なんですよね。


　そう考えてみると、サブカルの人なのにサブカルという言葉に悪いイメージを持っている人は、以前は他の集団にいた人、自身のことを別の定義で認識していたことがある人なのではないでしょうか。

　まあ、可能性があるとしたら、ハイカルチャーかオタクかのどちらかでしょうね。ハイカルチャーだった人がプロとして、サブカル領域でサブカル相手の仕事をしているのに「私はサブカルではない。」なんていうことを言い出したりしたら、かなり気取った感じがしますよね。かつてアカデミックな領域にいたことがあるだけで、今はサブカル趣味を満喫しているだけの一般人がそんなこと言っていたら、さらに反感を買うでしょう。個人的には実際にこういった行動をしている人を見たことはないので、あくまで可能性の中だけの存在ですが。オタク側にそういう人はわりといますよね。サブカルとオタクが未分化だった時代から線引きが行われるまでの流れを経験している、私の世代のサブカルチャー趣味もオタク趣味も持っている人。それより若い世代の、年と共にサブカルの領域に入っている文化も趣味の範疇に入ってきたオタク。

前者の中には、サブカルという言葉をサブカルチャーの略称としてでも、現在の意味でもなく、「サブカルチャー愛好家の中に見られる特定の問題をかかえた人間の蔑称」として使っていた私のような人間も含まれています。蔑称としてサブカルという言葉を使っていた人間というのはそれなりにいたようで、同時期に直接交流がなかった人がやはり自分と同じようなニュアンスでサブカルという言葉を使っていたという話をたびたび聞きます。そういう人間が自分はサブカルに属しているということを認めるのは苦しいことでしょう。そうでなくても、サブカル趣味もオタク趣味もあった人の中で自分はオタクだという認識があった人（私もそうです）たちは、「お前は今日からサブカルな！」

と言い渡されても素直に受け入れるのは難しいでしょう。急にそんなこと言われてもねえ……。自分たちより下の世代でもそれは同じことだろうと推測することができますし、サブカル誕生後にそういう領域に触れた下の世代の方が、より「自分はオタクなんだ！」という意識も強いでしょう。

サブカルもオタクもダメダメだ

オタク側の考えるサブカルの特徴に「サブカルは女にモテるためにやっている」という偏見があります。これ、すごくイヤですよね。めちゃくちゃバカにされている感じがします。だって、凄くチャラいセックス狂いみたいに思われてるんですよ。好きなものに対する自分の愛情、いや、自分が好きなもの自体に対してひどい侮辱を与えられた気分がします。自分がそんな人間だと思われているとしたら、死にたくなる人だっていても不思議ではありません。

サブカルだと認めることが、そういう人間だと自分を認めさせられることになってしまうというならば、意地でも「私はサブカルです」と言えない気持ちになってしまうのは仕方のないことだと思います。まあ、偏見は偏見でしかないので、サブカルだと認めても本当は問題ないのですが、人間という生き物はそういう風に余裕を持って振る舞うことはなかなかできないものなのです。

こういった人は頑なに自分はオタクであると言い続けますが、世間的には本当にどうでもいいことです。私は「自分はサブカルではない。」と思い続けていたのですが、サブカル層相手の仕事をしている事実もあり、自分はサブカルだと認めることにしました。それで何が変わったかというと、何も変わっていません。そんなものなのですが、頑なに認めない心というのはなんか大切なような気がします。とりあえず、私は自分がサブカル業界人だとは認めていません。実際、サブカル有名人と面識は多少あっても、実質的には付き合いとかほとんどないし。だから業界人じゃないと思います。そこは断じて違うのです。

「私は漫画家であって、サブカルではありません。」「私は小説家（略）」といったアイデンティティを職業の方においたクリエイター側からの発言もあるでしょう。サブカルのような限られた範囲に作品を供給していこうというのではなく、より広い世界に向けて勝負するために、カテゴライズを拒否しているわけです。これは全くもって正しい行動だと言えるでしょう。

蛸壺の中でもて囃されて満足したりせずに、広い世界に打って出ようというのは志が高いです。ただ、作品の内容がそれに見合ってないと、調子に乗っていると思われるので、ある程度客観性は必要ですね。

オタクだと言い張る唐沢俊一

すごく特殊なケースがあります。唐沢俊一のように人脈の関係でどう考えてもサブカルの範疇の活動をしているのにオタクだと名乗っている人です。しかも唐沢さん、オタクと言いつつも、微妙にサブカルのような顔もします。「だから、なんなんだよ、ハッキリしろよ！」と言いたくなります。いや、サブカルとオタクの中でどちらを名乗るべきか悩んでいた自分も、見方によっては都合の良い人間に見えることは否定できませんし、認めますけど、さすがに唐沢さんみたいに「友達がオタクって言ったから、ボクもオタク」っていうみたいなのに比べたら幾分かはマシです。

友達なのか、利害関係で結託した一味なのかはわかりませんが、とにかく大の大人が恥ずかしい。どうせ恥ずかしいなら、「わたしはサブカルもオタクも超越した存在、唐沢というジャンルなのです！」ぐらい恥ずかしいことを言ってほしいものです。

そういえば、唐沢さんが数々の盗作・盗用疑惑で追及されていた時期があるじゃないですか。それは自業自得なんですが、中には追及するのは微妙なのではないかというケースもあったんですよね。先人の書いた雑学本やエピソード集みたいなやつからネタをもらってくるというのは、昔は色んな人がやっていたことなんですよね。そこは時代による感覚の違いみたいなもので。

唐沢さんの場合、この著作権意識が発達した現代において、同時代の人、しかもアマチュアの人相手にそれをやってしまったことが大問題で絶対に悪いのですが、あまりにも細かい所や過去すぎること、グレーゾーンの中でも白寄りのあたりまで追及されたのは、さすがに気の毒かなとは思いました。状況証拠だけで黒だと決めつけることは、検証という場では許されないとは思うのですが、そういうレベルのこともありましたしね。

唐沢さんを追及していた人たちの一人が、私が昔書いた唐沢さんに関する雑文の中のネタと内容的にかぶることを書いていたことがありました。その人は、以前にその雑文の感想を書いていたことがあります。私がパクリではないかと指摘したところ、彼は「その文章のことは存在を忘れていたのでパクったわけではないし、語句が少し違うのでパクリとは言えない。」という弁明をしました。しかし、彼は唐沢さんに関しては、より状況が不明瞭な場合でもパクリ認定していたのですよね。

いや、読んだものを忘れていて、何かの拍子に内容だけ思い出した場合、自分の中から出てきたことだと思ってしまうことは誰にだってあります。自分の中にある情報がどこから来たものなのか全て把握するのは不可能だからです。私だって、気づかないうちにやってしまっていると思います。だから、「意図的にパクったわけではない」という彼の弁明は嘘ではないと思います。ただ、唐沢さんに対してはより厳しい基準でパクリ認定を行っていた人の発言としてはどうかとも思います。彼の振りかざしていた基準でいうならば、彼は私の文章を間違いなく盗んだことになるのだから。

私は、唐沢さんは職業上許されないことをしたと思いますし、全く好感は持っていません。ただ、追及する側にフェアな精神とバランス感覚がなければ、やり過ぎてしまうことで、自分たちの評判を下げるようなことになり、かえって相手を利するようなことにもなりかねないのです。自分も、他人を批判してしまう時にはそういうところを気にかけてやっていきたいと思っていますが、できているかどうかは自信がないのです……。


あと、唐沢さんのところはプロダクションの形をとっていたし、スタッフが資料集めとか編纂をしていたんだと思うんですよ。どこまで唐沢さんの原稿として発表される文章にスタッフの力が加わっていたかはわかりませんが、その部分のチェックの甘さがあいう事態を引き起こしたのかもしれないと考えたりします。唐沢さんの名前で発表している以上はスタッフのミスだとは言えませんしねえ。

そういえば、唐沢さんの弟子筋にあたる鶴岡法斎という人がいますよね。最近、鶴岡さんのところにも資料集めなどの助手的な仕事をしていた人がいたという話を聞いたのですが、鶴岡さんって人を雇えるぐらい一時期は儲かっていたのかと思ってビックリしました。自分の周りの評価と世間の評価は一致するわけではないというのを改めて教えられましたね。

中原昌也と高橋ヨシキのオタク叩き

そういえば、この本、サブカルをタイトルに謳っている本なのに、やたらとオタクに関わる話ばかり出てきますよね。「なんだよ」と思ってらっしゃる人もいるでしょう。それは、隣接したジャンルであるオタクの存在を語ることで、そこに横たわる差異から、サブカルの存在がより明確に浮きあがってくるから……ということもありますが、それよりは、サブカルというものは結局広義の意味ではオタクの中の一種族にすぎず、基本的に色々なものを共有していると私が考えているからです。私の考えている現代のサブカルの歴史はオタクの歴史の中に内包されている部分があるので、どうしてもオタクについて語らざるを得ない。そういう感じですね。

『嫌オタク流』(太田出版)という本がありまして。中原昌也と高橋ヨシキのアニメ大嫌いな二人が萌え好きのアニオタを批判し続け、それに対して海猫沢めろんがオタク擁護に回ったり、更科修一郎が二人と一緒になってオタクを批判するという内容の本ですね。

サブカルによるオタク攻撃の代表的なものの一つだと認識されることも多いかと思われます。ただ、サブカルからの攻撃という解釈はどうなのでしょうか。中原さんもヨシキさんも萌えアニメに限らずアニメ自体が嫌いな人です。二人を基準にして考えるならば、たいていのサブカルは単なるオタクです。あの二人だったら、ああいう本になるでしょうね。

あと、お二人が指摘していた「オタクのDQN嫌い問題」、あれは私も度が過ぎていて変だと思っているのですが、あれって萌えオタだけではなくてサブカルっぽい若い子にも見られる要素だと思うのですよ。あれって世代的な問題じゃないんですかね。

オタク側の人の中には「サブカルはモテるためにやっている」とか「サブカルはモテ

る」とか言う人がいますが、現実にはそうではないですよね。趣味の対象に女性にも人気があるジャンルも含まれているから、人数あたりの女性の割合は多くなりますけど、一部の男性がモテるだけで、別にサブカル男性がモテるなどという事実はありません。たいていの人は趣味に没頭しているだけなのです。モテるのはコミュニケーション能力が高いか、コミュニティ内での地位が高い人なわけで、そんなのどこのコミュニティに行ったってモテる人じゃないですか。

最近の若い子の間では萌え要素を含むアニメを見ることが以前より特殊ではなくなり、腐女子というよりはライトな女オタク層が増え、オタクのコミュニティ内での女性の割合は増加しているわけで、状況的にオタクとサブカルは近づいていきます。中原さんやヨシキさんは強烈な個性を持った創作者やライターであり、自分の思想から萌えオタ批判をしているわけですが、二人の萌えオタ批判を面白がってオタクをバカにしているような人の大半が、萌えが好きでないという以外はオタクと変わらないような人なのではないでしょうか。『映画秘宝』の読者にたまにいるような金髪グラマーが好きな人なんて、二次元美少女が好きな人と本質的には全然変わらないと思いますよ。日常で出会う現実的な女性ではなくてファンタジーの世界に自分の欲望を投影しているという面では全く同じだと思います。

今の『映画秘宝』どうよ

『映画秘宝』の名前が出ましたが、秘宝の読者ってモテなさそうな感じの人がけっこういますよね。私も当然そちら側なんですが。秘宝が扱う映画は一般的には女性が好まないとされている映画だったりするせいで、「どうせ、女にはわからない。」とか「女が喜んでいる映画は糞。」みたいなことを言いがちな人も多く、無自覚なミソジニーの空気がわりと漂ってます。アイドルとかそういう女の子が自分たちの好きなものを好きだと言うと大喜びするという。萌えアニメが好きでないというだけで、萌えオタのダメな言動と丸っきり変わりがないではありませんか。

オタク文化というのは男性オタクの文化と腐女子的な文化が平行して存在し、両者の交流があまりなかったので、男性社会が形成されやすく、女性にモテない人が現実として多いのでミソジニーが蔓延しやすいのですが、秘宝読者が形成する場も基本的に男性社会であり、モテない人が多いのは変わらないので、全く同じ問題が生じがちだと思うのです。

最近の秘宝本誌自体もどうかなと思う時があります。ＥＸＩＬＥ ＴＲＩＢＥで知られるＬＤＨが制作している『ＨｉＧＨ&ＬＯＷ』シリーズに対する態度がそうです。現代日本によく似た架空の国を舞台にギャングチーム同士がバトルを繰り広げたり、手を結んでヤクザと戦ったりするような内容。テレビ・シリーズとしては２Ｓｅａｓｏｎが製作され、16年夏に劇場公開された『ＨｉＧＨ&ＬＯＷ ＴＨＥ ＭＯＶＩＥ』は荒唐無稽な設定、登場人物の魅力、アクション・シーンの凄さ、穴だらけの脚本と演出が生み出す独特なグルーヴ感で本来のターゲットであるＥＸＩＬＥファンのみならず、一部のサブカル層、オタク層の人たちの注目を集めました。こういうパワーに溢れたデタラメな映画を映画秘宝が推さないでどうするというのでしょう。

柳下毅一郎が酷評とかどうでもいいんです。柳下さんがこういう映画好きなわけがないじゃないですか。ブレないところに安心感を覚えますね。柳下さんがああいう映画を褒めたりしていたら、なんか体調でも悪いのではないかと思って不安な気持ちになってしまいそうです。

『映画秘宝』の権威化、硬直化については、最近感じることが多いです。『ＨｉＧＨ＆ＬＯＷ』について全く触れないのはＥＸＩＬＥが関わっているからではないかという疑いは晴れません。海外のＥＸＩＬＥ的ポジションにあたるアイドルグループが同じような映画を製作したとしたら、秘宝は取り上げていたのではないでしょうか。ＥＸＩＬＥの映画だという理由で、あれだけの素晴らしいアクション・シーンが詰まった、デタラメだけどパワーだけは溢れた作品を無視しているのだとしたら、もったいない話だと思います。

いや、批判でもなんでもいいんです。秘宝が今まで培ってきた体系の中で、あれをどのように扱うのかが見てみたいのです。映画マニアの間で軽く見られがちだったジャンル・ムービーを取り上げて、そういう価値観と戦ってきた『映画秘宝』が、日本で一番売れている映画雑誌になっていく中で権威化してしまっているとしたら、本当に悲しいことです。

安易なレッテル貼りはダメ絶対

サブカルについては色々な人が色々な解釈をしていて、はっきりとした定義は未だ定まりません。この本の中の定義だって、私の個人的な体験から形成された感覚に基づいて便宜上設定しただけのもので、結局は「俺のサブカル」でしかないのですが、「俺の考えた最強のサブカル」みたいなものよりは、少しはマシなのかなとは思っています。

以前、「サブカルとはアングラのこと」という定義付けを見かけた時はずっこけそうになりました。文化的な場で使われるアングラという言葉が指しているのは、普通は天井桟敷のようなアングラ劇とか暗黒舞踏とかそういうものだと思うのですが、サブカルは別にそういうものだけを指す言葉ではないですよね。その定義をした人の中でのアングラという言葉の定義がさらに独自の定義すぎてわけがわからなくなってしまったわけですが、さすがにこれよりはわかりやすいのではないかと思います。

まあ、サブカルだ、オタクだ、とか言って定義していっても世間的には別に似たようなもんなんですよね。オタクの存在を知っていて、サブカルチャーという言葉を知ってはいても、サブカルなんて言葉は知らない人なんてざらにいます。サブカルという言葉を知っていても、サブカルチャーの略ぐらいの意味としてしか認識してない人が殆どだし、サブカルチャーの意味だって、たいていの人はハッキリと知りません。サブカルの人が世間の目に晒される時、世間にとってみれば、その人はオタクでしかないのです。

映画オタク、漫画オタク、音楽オタク。世間から見ればサブカルなんてそんなものでしょう。良い風に見られたなら、「趣味に打ち込んでいる、物知りっぽい人」だし、悪く見られたら、中森明夫のいうところの「おたく」でしかないでしょう。未だに優越感を感じるために、オタクというかアニメオタクをバカにしている人もいますが、本当になんだろうなと思います。

この本にたびたび書いてきたサブカルの人の中に見られる不快な言動とか、声優オタとか萌えオタの中に見られる不快な言動とか、私はどちらも大嫌いなのです。でも「サブカルが！」とか「オタクが！」とか言ってしまったなら、ダメだと思うのです。それでは中森明夫や岡田斗司夫と一緒ではないですか。

一個人としての私が、一個人としての相手を憎まないといけないのです。高みからではなく、同じ地平でドロの投げ合いをすべきだと思うのです。こんなのは理想でしかないのはわかっていますし、実際にSNS上で泥の投げ合いみたいな不毛なやり取りをするのは勘弁してほしいですけどね。一個人として相手を認識していくのには限界があるし、説明する上での便利さに負けてカテゴリーを作ったりもしてしまいがちですが、日常の心構えとしてはそういう気持ちを持っていたいじゃないですか。自分の能力を信じることは大事ですけど、自分が権威であり偉いとか思うようになって、安易にレッテル貼りを他人にしてしまうようになるのは、ちょっと違うと思うのです。

サブカルという言葉の指す領域はどんどん変わっていっているわけで、同じサブカルという言葉を使って会話をしているのに全然話が通じないということが起きています。私は「情報に執着するのがサブカルで、対象に執着するのがオタク」だという風に考えていた時代もあったのですが、変化する状況の中で実情に合わない部分が出てきたので、今はそういう風な立場をとっていません。こういう風に単純に線引きできればいいのですが、現実とは様々な条件が複雑に絡み合っているうえに、時間の経過と共に状況は変わっていってしまいます。

サブカルがオタクの一部に回収されるかもしれないし、オタクやサブカルも含めた新しい括りが生まれるかもしれない。それでもサブカルというジャンルは今は漠然とながらも存在しているわけだし、お世話になったところもあるので、それなりに長生きすればいいなと思っています。

本音を言えば「オタクでも、サブカルでもなくて、全部マニアでいいよ！」とは未だに思っている私ですが、サブカルというジャンルの中でサブカルとして暮らしてきた以上、やっぱり、なくなってしまうのは寂しいと思うのです。

あとがき

いやー、書き終わった。せっかくのあとがきなんですが、基本、もうなんか言いたいこととかないんですよね。そうは言っても、ちょっと経ったら、どうせまたなんか言いたくなるんでしょうけど。サブカルという言葉をこれだけ使ったのは初めてですし、今後もこれだけ使うことはないでしょう。サブカルの字面とかしばらくは見たくないです。普段より仕事のシフト減らして書いたんで、来月の収入が心配です。お小遣い、激減りですな……。

今後のサブカルの流れですか？　細かいことはよくわからないですけど、吉田豪の一人勝ち状態が継続していくんじゃないですかね。吉田さんのやり方は、自身が削られていくリスクは少ないし、効率がいいように見えるけど、他の人がマネできるものではないですからね。一見、右から左に情報を流していくだけのように見えるけれど、情報収集と選択にどれだけの時間と手間がかかることか。あれは真似できるものじゃないでしょう。ただ、吉田豪が紹介するエピソードって、その人の仕事の業績がアルバム本編だとしたら、ボーナス・トラックとして入ってる『吉田豪ｍｉｘ』みたいなものですよね。本編を知らないまま、ボーナス・トラックだけを消費していくタイプの人を見てると、本編も知っている方が楽しいのにとは思うんですよね。

この本を書いている間、杉作J太郎という人の顔が何度も脳裏をよぎりました。上の世代の人を見ていると「どうしちまったんだよ！　〇〇さん！」と詰め寄りたくなるようなことも多いですが、杉作さんの様子を見ているとなんだか安心できるし、元気が出てくるんですよね。まあ杉作さんは元からどうかしているんですが。

まあ、私は杉作さんみたいにはなれないし、私を見て元気になるような奇特な人もいないでしょうが、いい年の取り方はしたいものです。

「最後まで読んでくれてありがとう」

Thank you for reading to the end.

끝까지 읽어 주셔서 감사합니다.

参考文献

- 『おたく』の研究！漫画ブリッコの世界
  http://www.burikko.net/people/otaku.html
- 宅八郎の復讐山脈
  http://www.takuhachiro.net/index.html
- 『「金権編集長」ザンゲ録』ターザン山本（文藝春秋社）
- 『SPA！』（扶桑社）1991年12月25日号「サブカルチャー最終戦争」
- 『ユリイカ』2005年8月増刊号　「オタクvsサブカル！」

[著者紹介]

ロマン優光（ろまん・ゆうこう）

1972年高知県生まれ。早稲田大学第一文学部中退。ソロパンクユニット「プンクボイ」で音楽デビューしたのち、友人であった掟ポルシェとともに、ニューウェイヴバンド「ロマンポルシェ。」を結成。ディレイ担当。プンクボイでは『BREATHING OK』『蠅の王、ソドムの市、その他の全て』、ロマンポルシェ。では『人生の兄貴分』『お家が火事だよロマンポルシェ。』といった作品を残す。著書に『音楽家残酷物語』（ひよこ書房刊）、『日本人の99.9%はバカ』（コアマガジン刊）。WEBサイトのブッチNEWS（http://bucchinews.com）でコラム連載を隔週金曜更新中。

コア新書　021

間違（まちが）ったサブカルで「マウンティング」してくるすべてのクズどもに

2016年11月16日　初版第1刷発行

著　者　ロマン優光

発行者　寺島知裕

編　集　坂本享陽

発行所　株式会社コアマガジン
東京都豊島区高田3-7-11　〒171-8553
電話　03-5952-7816（編集部）　03-5950-5100（営業部）
http://www.coremagazine.co.jp/

装　幀　井上則人デザイン事務所

印刷・製本　凸版印刷株式会社

ISBN978-4-86436-983-1　C0276

定価はカバーに表示してあります。
乱丁・落丁本がございましたら、お取り替えいたします。